应用经济学
高峰建设项目文库

Who Benefits and Who Suffers from Anti-Dumping?
Analyzing the Impact of Anti-Dumping Measures by Developed Countries on China

反倾销保护了谁，又伤害了谁？
发达国家对华反倾销影响全貌解析

张燕　车翼◎著

上海财经大学出版社
SHANGHAI UNIVERSITY OF FINANCE & ECONOMICS PRESS

图书在版编目(CIP)数据

反倾销保护了谁,又伤害了谁? ：发达国家对华反倾销影响全貌解析 / 张燕,车翼著. --上海：上海财经大学出版社,2024.8. --(应用经济学·高峰建设项目文库). -- ISBN 978-7-5642-4446-0

Ⅰ.D912.290.4

中国国家版本馆 CIP 数据核字第 2024Q6N863 号

本书由"上海财经大学中央高校双一流引导专项资金"和"中央高校基本科研业务费"资助出版

□ 责任编辑　刘　兵
□ 封面设计　桃　夭

反倾销保护了谁,又伤害了谁?
——发达国家对华反倾销影响全貌解析
张　燕　车　翼　著

上海财经大学出版社出版发行
(上海市中山北一路 369 号　邮编 200083)
网　　址：http://www.sufep.com
电子邮箱：webmaster@sufep.com
全国新华书店经销
苏州市越洋印刷有限公司印刷装订
2024 年 8 月第 1 版　2024 年 8 月第 1 次印刷

710mm×1000mm　1/16　8.75 印张(插页:2)　143 千字
定价:48.00 元

总　序

　　一流学科是建设一流大学的基础,一流大学都具有鲜明的一流学科印记。

　　根据中共中央、国务院关于建设世界一流大学和一流学科的重大战略决策部署,上海市持续推进高峰高原学科建设,对接国家一流大学和一流学科建设。

　　为此,2018年,由上海财经大学牵头、复旦大学和上海交通大学协同共建的"上海国际金融与经济研究院",承接了高峰建设学科"应用经济学"学科项目。

　　作为"应用经济学"高峰建设学科的牵头单位,上海财经大学成立于1917年;1996年,成为国家"211工程"重点建设高校;2006年,成为国家"优势学科创新平台"建设高校;2017年,入选国家"双一流"建设高校,在财经专业学科建设方面,积淀深厚。其中,"应用经济学"在教育部第五轮学科评估中,上海财经大学位列前茅。

　　"应用经济学"是上海市启动建设的相关高峰学科中唯一的人文社会学科。"上海国际金融与经济研究院"自2018年实体化运营以来,深耕学术科研,通过同城协同,汇聚优质资源,服务区域经济发展,努力打造国际一流、国内顶尖的高水平学术机构和高端智库,形成易于为国际社会所理解和接受的新概念、新范畴、新表述,强化中国话语的国际传播,贡献中国智慧;同时,在国际学科前沿形成重大原创性成果,推动上海"应用经济学"整体学科水平进入世界一流行列。

　　"归来灞陵上,犹见最高峰。"

　　经过不懈的努力,自2021年"应用经济学"高峰学科建设的第二轮建设周期启动以来,陆续产生一批阶段性的成果:

首先,创新驱动,服务国家重大战略部署、聚焦地方重大需求。"应用经济学"高峰学科建设以国家自然科学基金重大和重点项目、国家社科重大和重点项目、教育部哲学社科研究重大攻关项目为抓手,以高水平研究型智库建设为平台,产出一批支撑国家和区域经济发展的高质量课题成果。

其次,聚焦前沿,打造原创性学术成果,把握国际学术话语权。"应用经济学"高峰学科建设结合中国经济发展的优势领域,以多学科协同为纽带,产出一批高水平的学术论文,在国际上不断提升中国"应用经济学"的影响力和话语权,持续高频次在《经济研究》《中国社会科学》《管理世界》等国内外高质量期刊发表学术论文,获得孙冶方经济科学奖、吴玉章奖、教育部高等学校科学研究优秀成果奖等。

再次,融合发展,突破学界与业界藩篱。在学科建设的同时,初步形成了应用经济学系列数据库(已经有 2 万家企业 10 年数据,将持续更新)、长三角金融数据库等。这些数据库不仅有助于支撑本学科的研究,还可在不断完善的基础上实现校企融合;与上海财经大学新近成立的"滴水湖"高级金融学院、数字经济系,以及"中国式现代化研究院"等形成多维互动,进而为应用经济学的进一步研究提供强大支撑,为学科可持续发展奠定重要基础条件。

最后,以德统智,构建课程思政育人大格局。"应用经济学"高峰学科建设强调全面推进应用经济学类课程思政高质量建设与改革,实现课程思政建设在应用经济学所有专业、所有课程和所有学历层次的全面覆盖。

习近平总书记在党的二十大报告中提出"加快构建中国特色哲学社会科学学科体系、学术体系、话语体系"的重大论断和战略任务。

在二十大报告精神指引下,本次推出的"应用经济学·高峰建设项目文库"即是对相关学术研究进一步学理化、体系化的成果,涉及金融学、宏观经济学、区域经济学、国际贸易、社会保障、财政投资等诸多方面,既是"应用经济学"高峰学科建设的阶段性成果展示与总结,也旨在为进一步推动学科建设、促进学科高质量发展打下坚实基础。

当前,世界百年未有之大变局加速演进,我国经济已由高速增长阶段进入高质量发展阶段;同时,我国发展进入战略机遇与风险挑战并存、不确定因素增多的时期;而上海也正值加快推进"五个中心"和具有全球影响力的科技创新中心建设的关键时期,需要有与上海地位相匹配的"应用经济学"学科作为支撑,需要"应用经济学"学科为国家经济建设提供富有洞察力的学术新知和政策建议。

为此,上海财经大学和"上海国际金融与经济研究院"将与各方携手,在"应用经济学"前沿,继续注重内涵建设、关注特色发展、突出学科带动、聚焦服务战略,全力构建具有世界一流水平的"应用经济学"学科体系,突出围绕"四个面向",为我国努力成为世界主要科学中心和创新高地做出更大贡献!

上海财经大学 校长

目 录

第一章 绪论 / 1
　一、研究背景和意义 / 1
　二、研究目的、主要内容和框架 / 5
　　（一）研究思路和方法 / 5
　　（二）研究重点、难点、主要观点 / 6
　　（三）特色之处 / 8

第二章 文献综述 / 10
　一、反倾销调查的宏观影响 / 10
　二、反倾销调查的微观效应 / 11
　　（一）受保护行业 / 11
　　（二）进口依赖企业 / 12
　　（三）受影响的出口商 / 13
　三、总结评价 / 13

第三章 欧盟对中国反倾销的影响研究 / 15
　一、数据来源及描述性统计 / 15
　二、识别策略 / 20
　三、实证结果分析 / 23
　　（一）欧盟进口依赖型企业 / 23
　　（二）欧盟进口竞争型生产商 / 29
　　（三）中国出口企业 / 33
　　（四）稳健性检验 / 35
　　（五）反倾销政策的总体效应 / 35

第四章　美国对中国反倾销的影响研究 / 38
　　一、美国反倾销调查的制度背景 / 38
　　二、评估策略 / 39
　　三、数据来源与分析 / 41
　　四、实证检验结果分析 / 43
　　　　（一）产品数量反应 / 44
　　　　（二）广度边际与集约边际 / 45
　　　　（三）异质性反应 / 47
　　　　（四）价格的反应 / 51
　　　　（五）贸易偏转反应 / 52
　　　　（六）稳健性检验 / 53

第五章　反倾销对多产品出口商影响的进一步分析 / 57
　　一、数据来源及描述性统计 / 57
　　二、识别策略 / 59
　　　　（一）识别模型 / 59
　　　　（二）被解释变量 / 60
　　三、实证结果 / 63
　　　　（一）总体出口产品范围和出口价值反应 / 63
　　　　（二）不同HS水平下的出口产品范围和出口值变化 / 67
　　　　（三）复杂程度和上游度的变化 / 69
　　　　（四）讨论 / 71
　　　　（五）稳健性检验 / 72

第六章　结论与政策启示 / 75
　　一、关于反倾销影响的主要研究结论 / 75
　　二、相关政策启示 / 76

附录 / 78

参考文献 / 126

致谢 / 133

第一章 绪 论

一、研究背景和意义

过去几十年,随着一轮又一轮的关税削减,通信和物流技术的进步,交易成本的降低,越来越多的贸易伙伴加入世界贸易组织体系,国际贸易联系不断增强,全球化背景下各国相互依存程度不断提高。然而,我们仍然目睹了各国越来越频繁地采用贸易保护主义措施,尤其是在经济困难时期。当需求萎靡、整体市场形势和全球经济恶化时,各国为激烈争夺有限的市场,发生贸易摩擦和纠纷的机会越来越多,各国使用贸易保护主义措施的意愿和频率也会更加强烈。世界各国政府主要采取世界贸易组织(WTO)规则和条例允许的贸易保护措施来保护本国产业和企业。各国尤其倾向于利用反倾销手段,这仅仅是世贸组织框架内允许使用的贸易保护措施之一(Vandenbussche 和 Zanardi,2008;Moore 和 Zanardi,2011)。除反倾销措施外,反补贴及保障措施也是 WTO 规则允许使用的贸易保护措施,但反倾销是最容易操作、被使用频率最高的贸易保护措施。

反倾销是指对倾销行为采取的反制措施。倾销策略是指企业以低于本国市场价格或低于生产成本的价格出口产品。倾销常常被认为是一种反竞争策略,旨在不公平地淘汰那些无法长期面对如此激烈价格竞争的国际竞争对手。一旦竞争对手退出市场,倾销企业将不再面临任何竞争压力,就可以制定自己的垄断价格。因此,根据世贸组织制定的《反倾销协议》,各国政府可以对从倾销国进口的目标产品征收临时额外关税,以使价格接近"正常价值"。[①] 实施反倾销措施有两个条件:一是证明出口国倾销策略正在实施;二是证明该行为对国内相关竞争产业造成了"实质性"损害。判断产品是否倾销并评估其对相关竞争行业是否造成"实质

[①] 参见《反倾销协议》(Article VI of the GATT 1994 Anti-Dumping Agreement)。

性"损害确实是一项特别具有挑战性的任务,这为反倾销成为政治手段留下操作空间。人们越来越担心这一贸易防御工具可能被保护主义滥用,特别是在发达国家,政府采取反倾销行动可能只是为了保护其成熟产业免受新兴国家进口产品的激烈竞争。因此,尽管倾销行为可能对国际竞争产生负面影响,但经济学家和政治学家一直质疑,反倾销措施实际上与"不公平"贸易到底有多大关系(Zanardi,2006;Evenett 和 Vermulst,2005;Nelson,2006;Conconi 等,2017)。

改革开放后,中国经济高速发展,在 2001 年 12 月正式加入 WTO,2010 年成为世界第一出口大国,[①]并在 2013 年超过美国成为全球第一贸易大国。[②] 中国作为一个经济大国不断崛起,对全球各经济体,尤其是发达国家产生了重大影响。来自中国和其他低工资国家的进口竞争与发达国家工厂倒闭、企业增长放缓以及当地就业环境恶化、工资降低有关,由此引发的发达国家行业和劳动力市场的动荡,推动发达国家纷纷向贸易保护主义转变。

伴随"中国速度",中国崛起的同时,在对外贸易中所遭遇的贸易摩擦也与日俱增。作为世界上最大的出口国,中国无疑是这些反倾销措施实施的主要目标国。根据世界银行更新到 2019 年的反倾销案例数据显示,中国已连续 29 年成为全球遭遇反倾销调查最多的国家。如表 1-1 所示,在 1980 年至 2019 年间的 8 067 起反倾销案中,中国被查处的案件有 1 572 起(约占总数的 19.49%)。自 2008 年以来,中国在反倾销措施中所占份额已上升至 28.5%左右。

表 1-1 1980—2019 年全球十大遭遇反倾销调查的国家和地区

国家和地区	数量	占比
中国	1 572	19.49%
韩国	543	6.73%
美国	465	5.76%
中国台湾	422	5.23%
日本	396	4.91%
巴西	290	3.59%

① 在客观上,中国近年来在世界上的和平崛起也会激发中国对世界各国产品的需求。由于本书主要研究反倾销对中国出口的影响,因此省略中国崛起所影响到的进口。
② 2023 年,美国以 6.88 万亿美元的贸易额重回世界第一贸易大国。

续表

国家和地区	数量	占比
印度	279	3.46%
泰国	267	3.31%
印度尼西亚	240	2.98%
俄罗斯	202	2.50%

从表1-2可以看出,美国和欧盟是针对中国发起反倾销调查最多的发达国家和地区,在1980—2019年间分别对中国发起232次和174次调查,分别涉及39个及36个行业大类(HS两位编码对应的行业),总共累计达406起反倾销调查,占中国遭遇反倾销调查案例的25.83%。

表1-2　1980—2019年中国遭遇各国(地区)反倾销调查案例数

国家	数量	占比
印度	234	14.89%
美国	232	14.76%
欧盟	174	11.07%
阿根廷	123	7.82%
巴西	106	6.74%
土耳其	101	6.42%
墨西哥	86	5.47%
澳大利亚	75	4.77%
秘鲁	61	3.88%
南非	51	3.24%

表1-3显示,美国对中国反倾销调查主要集中于钢铁及钢铁制品、有机化学品、无机化学品等行业,平均税率152.27%;欧盟对中国反倾销调查主要集中于有机化学品、电机电气、钢铁及钢铁制品等行业,平均税率42.92%。

表1-3　美国、欧盟分别对中国反倾销调查涉及的主要行业及占比

国家	行业	数量	占比
印度	有机化学品	64	27.35%
	肥料	31	13.25%
	谷物粉、淀粉等或乳制品	19	8.12%
	塑料制品	17	7.26%
	动植物油脂	15	6.41%

续表

国家	行业	数量	占比
美国	钢铁制品	42	18.10%
	有机化学品	24	10.34%
	钢铁	20	8.62%
	无机化学品	15	6.47%
	塑料制品	12	5.17%
欧盟	有机化学品	25	14.37%
	钢铁	20	11.49%
	钢铁制品	18	10.34%
	电机、电气、音响设备及其零附件	14	8.05%
	无机化学品	13	7.47%

自 2008 年出现了金融危机以来,反倾销措施的使用率一直呈上升趋势。反倾销措施的广泛使用促使经济学家研究其对企业行为的影响,这对国家竞争力和长期经济增长有着重大影响。虽然反倾销税等国际贸易政策措施旨在保护国内的产业可以稳定发展,但往往也导致消费价格上涨,并且增加进口依赖型企业的进口成本,影响其出口能力(Irwin,2017)。此外,这些措施也限制了进口依赖型企业从外国市场获得更便宜或更高质量的中间投入品的能力,对企业本身在全球生产价值链中的地位产生负面影响(Konings 和 Vandenbussche,2013;Vandenbussche 和 Viegelahn,2018)。虽然可以从现有文献和理论中获得有关反倾销措施对国内受保护产业和企业的影响的见解,但对受影响的外国出口商、不同出口商的行为抉择的研究却比较少见。事实上,反倾销的广泛使用对发起国和被调查国的行业、企业的发展及其国际竞争力均产生了重大影响。各国对华反倾销不仅影响发起国自身的行业和企业、我国被制裁行业和企业的发展,反倾销还会影响下游相关行业、企业的发展。

因此,全面评价反倾销措施对各国各类行业、企业的不同影响,明晰反倾销保护措施到底保护了谁,伤害了谁,显得至关重要。本书将以美国及欧盟对华反倾销为背景,探讨发达国家对中国实施反倾销战略,对反倾销发起国的国内企业以及外国出口商在短期内(即反倾销措施实施后)和长期内(即反倾销措施到期后)的市场竞争形态及其行业动态和国民经济的具体影响。

二、研究目的、主要内容和框架

（一）研究思路和方法

本书研究目的在于全面评估反倾销政策对各类企业的影响。从研究思路看，本书沿着文献综述-实证检验-政策启示的思路展开。文献综述是前提，为本书探究反倾销贸易保护措施影响的多面性提供理论基础。实证检验是对理论假设的适用性检验，以及对核心结论的充分验证。通过科学的计量方法，使得研究结论更加有效可信。最后基于已有文献和本书的研究结论进行政策调整优化。

从逻辑思路看，本书沿用一分为二的思维，分别从反倾销发起国和反倾销接受国的视角看问题，选择了最具代表性的欧盟和美国分别展开独立分析。具体案例在具体研究时，层层递进，逐步细化，更加全面地剖析了各类企业在反倾销战略下行为选择的动因和结果。同时兼顾合二为一的思路，在进行实证检验时，推动两项研究的主要结果相互验证，增强结论的可靠性。

欧盟是世界上针对中国发起反倾销调查数量高居第二的发达地区，为此，本书首先将在第三章评估1999—2007年欧盟对中国实施反倾销战略对各类企业产生的影响，侧重于对反倾销发起国国内受影响企业的深度剖析。考虑到数据的可获得性，本书选择法国作为欧盟代表性国家开展研究。一方面，我们可以获得法国丰富的制造企业数据，从而可以确定受保护产品的生产商和进口商，并构建企业级绩效的各种衡量标准。另一方面，现有研究强调了欧洲企业之间的相似性，特别是在国际化战略和企业绩效之间的联系方面（Mayer 和 Ottaviano，2008；Rubini，2014；Békés 等，2011）。因此，选择法国具有代表性和可行性。本书通过结合中法两国企业层面和国际贸易交易层面的数据，研究了反倾销措施对所有受影响企业的全要素生产率（TFP）、就业、出口总额和研发投资的影响。所涉及的企业包括：(1)进口竞争生产商，即生产受欧盟反倾销措施保护产品的法国生产商。(2)依赖进口的欧洲企业，即从中国进口反倾销措施针对产品的法国制造企业。(3)向欧盟出口反倾销措施所针对产品的中国企业。我们利用1999年至2007年间欧盟批准的36起针对中国进口产品的反倾销案例，采用差分法（DID）与倾向得分匹配法（PSM）相结合开展实证研究。

此外，美国是发达国家中第一大针对中国的反倾销案件发起国。为此,本书在第四章以美国为代表,利用美国2000—2006年期间对中国出口商提起的反倾销案件,分析美国对中国实施反倾销战略带来的影响,侧重于对反倾销调查接受国的企业进行全面解析,了解受影响的出口商是否应该继续其出口行为以应对反倾销调查产生的负面冲击。我们的识别策略依赖于双重差分法(DID),即在反倾销调查过程的各个重要阶段前后,比较受影响产品类别(处理组)的出口商与未受影响产品类别(对照组)的出口商相同的结果变量差异(如出口量、出口商数量、出口价格和贸易偏移)。

更进一步,在分析美国对中国实施反倾销战略带来的影响的基础上,聚焦多产品出口商,利用2000—2006年中国海关企业出口数据,依旧运用DID实证研究中国多产品出口商如何调整产品范围和产品结构以应对美国反倾销。

综上,本书通过采用最核心的实证研究方法——双重差分法,可以充分探究反倾销发起国和接受国的所有企业对反倾销措施的异质性反应。

(二) 研究重点、难点、主要观点

1. 研究重点、难点

(1) 研究内容

反倾销带来的影响是"牵一发而动全身",涉及行业繁多,企业众多,既会有短期影响,也会有长期效应。如何更全面地分析反倾销带来影响的多面性,需要很好的切入口。本书以微观企业为落脚点,分别从反倾销发起国和反倾销接受国出发,探索了反倾销对各类企业的影响以及不同企业的异质性反应,使得分析更加全面清晰。

(2) 研究数据

研究对象识别困难。现有研究只识别了受反倾销保护投入品的用户,但无法区分从反倾销目标国家进口这些投入品的企业和从国内或未受影响的国外其他国家采购受反倾销保护投入品的企业。本书作者通过整理详尽的贸易数据集,与反倾销数据集结合起来,通过详细的进口交易数据,首次精确识别出了依赖进口的企业。本书追踪了从中国进口受欧盟反倾销措施影响的产品的法国企业在反倾销措施实施前后的经营情况。此外,我们还在几个稳健性检验中考虑了不同类别的企业,探讨了依赖进口的企业面对反倾销措施的异质性反应,从而为相关文献做出了进一步贡献。

（3）研究技术

反倾销保护对企业的影响结果可能会受到两个潜在偏差来源的影响：一是发起反倾销案件的企业的自我选择；二是如果政府批准反倾销案件的决定是基于与企业层面结果相关的因素（如生产率、就业增长和其他宏观经济趋势），那么可能会存在政府的自我选择。然而，为了排除反倾销保护决策可能与因变量相关的变量有关的可能性，本书在研究中运用 PSM-DID 模型去评估反倾销措施对受影响企业的影响，解决了潜在偏差问题。

2. 本书的主要观点

（1）反倾销发起国

① 受反倾销政策保护的进口竞争企业的生产率和就业率得到了提高，但这些积极影响仅限于生产率最低的企业，主要是那些不向反倾销发起国以外市场出口的企业。

② 反倾销措施对进口依赖企业，尤其是生产率最高的企业的生产率、就业率和出口总额都产生了负面影响。这些负面影响并不局限于直接从受制裁国进口被反倾销制裁的目标产品的企业，还扩大到可能从其他来源国进口受反倾销制裁的目标产品的企业，因为这些产品的价格普遍上涨。

（2）反倾销接受国

① 反倾销政策限制了被制裁国的出口企业对反倾销发起国的出口，导致被制裁产品总出口量大幅下降，这种贸易抑制效应是因为出口商数量的显著减少（广泛边际效应），而每个幸存出口商的出口量略有下降（密集边际效应）。

② 反倾销调查产生广泛边际效应的深层原因，是生产率较低的出口商更有可能退出海外市场；直接出口商比贸易中介机构更有可能退出海外市场；单一产品直接出口商比多产品直接出口商更有可能退出海外市场。

③ 经历反倾销的幸存多产品出口商将缩小出口产品范围，集中于更少更成功的产品，但总体出口价值没有变化。具体来说，其放弃了许多原有的外围出口产品，将更接近其主要行业的新产品引入美国市场。同时反倾销后，幸存出口商增加了出口产品组合的复杂程度，出口更多的上游产品。

④ 幸存出口商业绩的改善似乎是由研发投资推动的，这使出口商能

够提高生产率,以克服反倾销措施引起的贸易成本上升。

⑤ 出口船上交货价格(FOB)几乎没有变化,相关产品对反倾销发起国以外市场的出口没有显著变化(贸易偏转效应)。

(3) 反倾销政策的总体效应

反倾销政策对发起国经济的总体影响喜忧参半。为了帮助读者更好地认知反倾销政策的总体效应,以欧盟为例进行具体的数值估算。

① 实施反倾销措施导致依赖进口的企业生产率下降,尽管这增加了进口竞争企业的生产率。然而,生产率方面的成本似乎主要是由高生产率的依赖进口的企业承受的,而收益则由生产率较低的进口竞争企业获得。

② 就业方面的总体保护效果是负面的:反倾销保护对少数依赖进口的企业产生了较大负面影响,造成近 13 000 个工作岗位的损失,远远超过了受保护的进口竞争公司创造的近 1 400 个新工作岗位。

③ 通过增加从中国采购投入品的成本,反倾销政策使依赖进口的企业的出口减少了近 90 亿欧元。如果我们将所有使用受反倾销制裁的目标中国产品的潜在用户计算在内,并将我们的计算扩展到整个法国经济,几乎有 8.1 万个就业岗位和 420 亿欧元的出口额的净损失,这几乎占法国制造业总就业人数的 2.2% 和总出口额的 13%。

④ 通过提高幸存的中国出口商的业绩,欧盟反倾销政策导致了一种长期效应,即扩大了法国企业与竞争对手——中国出口商之间的生产率差距。

综上所述,反倾销调查将较弱的出口商挤出了市场,留下了更具生产力的出口商,这些出口商通常拥有多市场和多产品的覆盖范围。通过临时征收反倾销税进行的保护更倾向于较弱的国内生产商,这大大减缓了较弱国内生产商退出市场的进程,阻碍了资源向生产率更高的生产商的再分配。因此,反倾销调查肯定会给扩大市场份额的国内生产商带来暂时的好处,这是因为相关竞品的进口大幅下降,大量国外出口商退出市场。然而,从长远来看(特别是当反倾销税被取消时),反倾销调查可能会给反倾销发起国的国内生产商在与国外被制裁的出口企业的竞争中带来更多弊端,因为前者的平均生产率下降,而后者的生产率保持上升。

(三) 特色之处

1. 研究内容方面

(1) 本书从微观层面全面分析反倾销措施对目标产品的国内生产

商、国内进口商和外国出口商绩效的影响。

（2）本书研究内容深度揭示了现有出口商在反倾销调查的不同阶段受不同生产率和市场结构影响的市场退出行为模式。尽管当前的企业异质性文献主要关注固定出口成本情况下企业进入出口市场的决策，但我们需要一个更一般的理论。本书既考虑进入决策，也考虑退出决策，并探究了企业异质性与复杂市场结构和政策不确定性之间的相互作用。

（3）评估反倾销措施在就业、生产力和竞争力方面如何总体影响企业，这使我们在计算反倾销措施的收益与成本方面更可以被度量。

2. 数据与识别方面

（1）本书在探究美国对华反倾销的影响时，首次使用月度的企业-产品层面数据进行实证分析，考察受制裁的外国出口商对不同产品类别的反倾销调查反应。

（2）在探究欧盟对华反倾销的影响时，本书首次精确地识别了进口依赖型的企业，这些企业进口依赖受反倾销税影响的产品，因此可以充分考虑这些关税对其业绩的影响。

第二章 文献综述

一、反倾销调查的宏观影响

大量经济和政治领域的相关文献从理论和实证角度分析了反倾销政策的作用。该方面文献不仅探讨了反倾销对贸易流量的影响,还揭示了反倾销作为贸易保护工具如何通过中间品进口对企业绩效产生影响。在多数情况下,反倾销政策会降低整个社会的效率,导致贸易流动严重扭曲,受保护的生产者收益低于消费者福利损失和企业比较优势的损失。Blonigen 和 Park(2004)的研究发现企业的倾销行为取决于国家制定的反倾销政策,在某些特定情况下,反倾销政策会引起部分企业更深入的倾销行为。Bown 和 Crowley(2007)通过理论模型构建从宏观角度探讨了反倾销措施如何影响实施反倾销国家与第三方国家的进出口。通过使用一个可计算的一般均衡模型,Gallaway 等(1999)的研究发现类似于反倾销和反补贴的贸易措施可以导致一国不小的福利损失。Wu 等(2014)的双寡头竞争模型分析表明,受到反倾销的企业在特定条件下要么接受"正常"价格,要么被征收反倾销税,一国福利是否受到反倾销的负面影响很大程度上取决于政府贸易部门对"正常"价格的认定。

此外,许多实证研究对反倾销的相关预测进行了检验,强调在极少数情况下,反倾销措施的实施效果可以得到可靠的数据证据支持。Dutt 和 Mitra(2002)的跨国数据实证研究验证了 Heckscher-Ohlin 模型预测的关于收入不平等、贸易政策以及自然禀赋之间的相关关系。在宏观层面上,Knetter 和 Prusa(2003)检验了宏观经济因素与实施反倾销调查概率之间的关系,特别地,该研究发现汇率和 GDP 是一国实施反倾销调查的重要预测变量。Mayda 和 Rodrik(2005)发现一国居民对贸易政策偏好取决于受教育程度、信仰以及社会阶层,这与特定因素模型的相关预测一致。Blonigen(2006)的研究表明反倾销请愿的经历会正向影响后续反倾销请愿的概率,但是这并不会影响后续的反倾销实施幅度。

由于反倾销调查产生的贸易破坏、转移和偏转效应，征收反倾销税会对贸易量产生总体负面影响。利用美国对日本进行反倾销调查的面板数据，Bown 和 Crowley(2006)的研究表明该反倾销使得本该由日本出口至美国的贸易量转移至欧洲，并且该反倾销会对第三方国家产生贸易抑制作用。以热轧钢行业为例，Durling 和 Prusa(2006)在宏观层面发现反倾销措施的贸易破坏和贸易转移效应并不是 20 世纪 90 年代末热轧钢行业发展缓慢的主要原因。利用新使用反倾销法律国家作为处理组构建冲击性模型，同时使用 1980—2000 年间 71 个国家的行业进口数据，Vandenbussche 和 Zanardi(2010)的宏观研究表明，反倾销调查的负面作用远比想象中的大，在墨西哥、印度等国，反倾销对贸易的破坏作用足以抵消贸易自由化带来的贸易增加。使用修正的贸易引力模型，Egger 和 Nelson(2011)估计了反倾销的负向作用，作者发现反倾销在 20 世纪并没有给国际贸易造成较大的负面影响。一个相关的问题是，反倾销何时会影响贸易。Besedeš 和 Prusa(2017)的研究表明，反倾销使出口国企业退出目标市场的概率增加 50% 以上，但反倾销的影响在案件的不同阶段存在较大差异。尽管反倾销在每个阶段都增加了危害，但有趣的是，反倾销在发起和预备调查阶段对出口的负面影响最大。

二、反倾销调查的微观效应

随着贸易流动的中断和进口投入品价格的变化，反倾销税会影响工业部门和个体企业在国内和贸易伙伴市场的表现。大多数实证论文得出的结论是，反倾销保护影响国内生产商的市场结构，特别是提高了生产率最低企业的绩效，并将资源从生产率较高的行业重新分配到生产率较低的行业（Koning 和 Vandenbussche，2005；Koning 和 Vandenbussche，2008；Pierce，2011）。反倾销措施主要通过减少被制裁国的出口企业数量来限制进口渗透，同时，一旦临时贸易保护措施被取消，幸存的外国出口商就会变得更强大，从而增加反倾销发起国国内进口竞争产业的竞争压力（Lu 等，2013）。

（一）受保护行业

对于反倾销的研究，早期的文献主要集中于反倾销对受保护行业或企业的影响。近年来，受到 Melitz(2003)所构建的理论模型的影响，越来越多的研究使用了企业层面的数据。例如，以往的企业层面分析一致表明，利用反倾销措施进行保护会提高受保护企业的加成率（Konings 和

Vandenbussche,2005;Pierce,2011),这与贸易的促进竞争效应的理论预测一致,即贸易会引起更大的竞争,从而导致国内企业的价格和加价率下降(Melitz 和 Ottaviano,2008;Chen 等,2009;Edmond 等,2015;Arkolakis 等,2019)。在生产率方面,Konings 和 Vandenbussche(2008)使用基于收入的生产率衡量方法,发现反倾销对受保护企业的生产率有正向影响。相反,Pierce(2011)基于实物产出而非产出价格来衡量生产率,他发现受保护企业的生产效率在反倾销措施实施后实际上是降低的。然而,与我们的结果一致的是,两项研究都表明反倾销的影响是存在异质性的,并倾向于使落后的进口竞争企业受益。Konings 和 Vandenbussche(2008)使用企业层面的数据发现,在反倾销保护期间,受保护行业的企业平均效率有所提高。但是,不同的企业对反倾销的反应不同:反倾销前初始效率低的企业在反倾销措施实施后,效率会得到很大的提升;反倾销前初始效率较高的企业在反倾销措施实施后,效率显著降低。进一步的,Konings 和 Vandenbussche(2013)发现在反倾销措施实施后,受保护的非出口企业在本国市场上的销售量增加5%,但是受保护的出口企业对反倾销产品的出口量却下降8%,并且受保护的跨国出口企业对反倾销产品的出口量下降达到36%。反倾销发起国的出口企业与非出口企业对于反倾销的不同反应主要是因为在全球供应链迅速发展的背景下,反倾销措施的实施会使得受保护企业在购买中间品时受到影响,而中间品的投入对于出口企业和外资企业又显得尤为重要。

(二) 进口依赖企业

迄今为止,只有极少数论文探讨了反倾销措施对依赖进口企业的影响,在垂直专业化和生产跨国界分散的当今世界,这些企业的重要性日益突出。Isakson(2007)和 Eckhardt(2011)提供的证据表明,依赖进口的企业会因征收反倾销税而蒙受损失,因此经常反对反倾销税的实施。究其原因,是因为进口投入品可以增加可用中间投入品的范围,提高可用投入品的质量,并通过进口学习效应提高国内企业的生产率(Ethier,1982;Markusen,1989;Grossman 和 Helpman,1993;Kasahara 和 Rodrigue,2008)。此外,获得来自低成本国家的进口产品可以降低生产成本,节省开支,使企业能够扩大国内活动,从而提高企业的竞争力(Grossman 和 Rossi-Hansberg,2008)。为了将这些企业考虑在内,Konings 和 Vandenbussche(2013)建立了一个对中间产品征收反倾销税的模型,并表明这些关税对进口商产出的总体影响取决于需求弹性。需求弹性越大,保护主义带来的损失就越大。虽然 Konings 和 Vandenbussche(2013)无法识别相关的进口商,但他们考虑了出口企业,并假设产品的出口商也更有可能是进口商。他们还假设,出口商在国际市场上面临更激烈的竞争,因此,与国内销售相比,出口企业的对外销售受保护主义的影响更大。他们的研究结果表明,反倾销政策损害了出口商,但有利于国内生产商。

(三)受影响的出口商

Lu 等人(2013)关于美国对中国产品征收反倾销税对受影响的中国出口商绩效的影响的证据也与本书的结果一致,表明这种保护主义措施使幸存的出口商更具生产力。反过来,一旦反倾销税取消,这将增加发达国家受保护的企业所面临的竞争压力,从而使人们对这些保护受威胁产业的措施的效率产生怀疑。Bown 和 Crowley(2007)从理论和实证方面研究了反倾销保护的贸易转移效应。他们发现日本企业在受到美国的反倾销措施之后会将反倾销产品出口到其他国家。使用相同的 1992—2001 年日本的出口数据,Bown 和 Crowley(2006)具体研究证实了美国对日本反倾销调查后,日本企业会将受到倾销的产品转移到欧洲销售。在以中国为背景的研究中,鲍晓华(2007)使用 1997—2004 年的海关数据考察了中国反倾销措施的贸易救济效果。其研究结果显示中国反倾销措施的实施同样具有"贸易限制效应",即中国涉案产品的进口总量在反倾销措施实施后显著减少。同时也发现涉案产品在受到反倾销保护后,进口价格显著提高。对于反倾销对被制裁国行业或企业的影响,Blonigen 和 Park(2004)研究了反倾销税实施后,受影响的外国出口企业的价格变化。Prusa(2001)利用美国的进口数据发现对产品反倾销税的征收使美国对反倾销产品的平均进口量下降 70%,而价格则增加了 30%。

此外,还有部分文献主要研究反倾销成因。现有的文献认为反倾销的主要影响因素是涉案产品的进口渗透(import penetration)、汇率变动、国内 GDP 增长等(Knetter 和 Prusa,2003;Blonigen 和 park,2004)。这部分文献在倾销文献中不属于主流,因此在此不作赘述。

三、总结评价

综观涉及反倾销影响机制的研究,我们可以看到相关文献众多,分支较细。但这些研究都缺乏系统性和结构性分析,没有全面评估反倾销战略对微观企业的影响。具体来看,首先,现有文献无法精确识别出各种类企业,包括进口依赖型企业和进口竞争企业。其次,因为企业样本识别不准确问题,导致现有研究无法针对每一类企业,挖掘不同类别企业、同类不同特征的企业在面对反倾销时的异质性反应,进行深度分析。因此本书通过分析相同的反倾销措施对各类相互竞争的企业群体的综合影响,补充了现有研究的不足。

第三章　欧盟对中国反倾销的影响研究

本章主要研究了欧盟对中国进口产品征收反倾销关税对所有受影响企业的影响：包括欧洲进口竞争企业、倾销产品的欧洲进口依赖企业以及中国出口商。结果表明，临时进口关税有利于生产率最低的欧盟生产商，但却损害了生产率最高的欧盟进口商。总体而言，反倾销政策对欧洲就业和出口的净影响基本上是负面的。此外，关税还提高了中国出口商的生产率，扩大了与欧洲竞争对手的生产率差距。

一、数据来源及描述性统计

本章的研究主要结合了以下几个数据。首先，作者利用世界银行的全球反倾销数据库(GAD)，收集到 1999 年至 2007 年期间欧盟对中国发动的所有反倾销案例信息。此数据集记录世界上自 1980 年以来世界各国采取的所有反倾销措施，并提供了关于《商品名称及编码协调制度》(HS)8 位数产品分类、反倾销程序启动和结束日期、调查结果、征收的反倾销税税额以及措施期限等详细信息。为保持欧盟和中国 HS 分类的一致性，我们将反倾销数据加总到 HS-6 位码水平。同时，为了与企业层面数据的时间框架保持一致，并在分析中排除 2008 年全球经济危机爆发后贸易保护主义激增可能带来的统计干扰(Vandenbussche 和 Viegelahn，2011；Bown 和 Crowley，2013)，我们选择将样本集中在 1999—2007 年这一时期。此外，我们从欧盟统计局(Eurostat)的双边货物贸易数据库(COMEXT)(HS-6 位数)和欧盟统计局的结构性商业统计数据库(Structural Business Statistics)(NACE4-digit rev. 1.1 level)中收集了有关贸易流量和受影响行业的额外信息，以补充这一数据集。

欧盟委员会是负责调查由欧洲生产商发起的反倾销案件的机构，这些生产商至少占进口竞争行业产出的 25%。欧盟委员会对相关国家的出口商、欧盟的进口竞争企业以及欧盟的进口依赖企业和用户进行调查。欧盟委员会还可能检查公司所在地的记录，以核实所有参与方提供的数据。尽管欧盟委员会通常会征求进口商和用户的意见,但最近的证据表明,生产商团体在游说本国政府支持反倾销措施以保护国内产业方面更为成功,而进口商、零售商、外包商和消费者在游说国家和欧盟当局的政治影响力较小。在我们的分析期间,欧盟成员国理事会(The European Council)根据欧盟委员会的调查,以简单多数投票赞成对来自指定国家的所有受影响产品采取反倾销措施。反倾销措施通常采取从价税的形式,但也可以是特定关税或价格承诺。这些措施一般实行五年,但如果出口商的情况发生变化,则可对措施进行修订;如果倾销战略尚未终止,则可将反倾销措施延长至五年之后。

中国作为欧盟第一大进口来源国,已成为欧盟反倾销措施的主要目标,欧盟目前是世界上对中国反倾销案的主要发起国(Cheong, 2007; Rovegno 和 Vandenbussche, 2012)。图 3-1 显示,尽管在 1999—2007 年期间,欧盟在产品-国家层面进行倾销调查的品种数量有所下降,但被调查的中国产品所占的份额持续增加,尤其是在 2001 年中国加入 WTO 之后。在本研究中,我们重点分析 1999—2007 年间欧盟批准的 36 起针对中国进口产品的反倾销案件。这些案件涉及 67 种 HS-6 位数水平的目标产品,这些产品与 36 个 NACE 4 位数水平的欧盟行业有关。

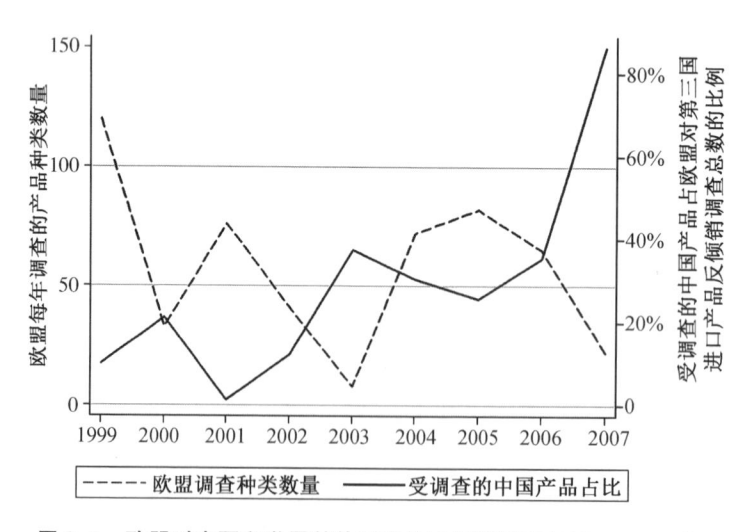

图 3-1　欧盟对中国和世界其他国家的反倾销调查(1999—2007 年)

注:根据世界银行全球反倾销数据库 1999 年至 2007 年期间欧盟对第三国产品发起的所有反倾销调查绘制。左侧坐标轴显示的是欧盟每年调查的产品种类数量(在产品-国家层面上衡量)。右侧坐标轴表示欧盟调查的中国产品占欧盟对第三国进口产品反倾销调查总数的比例。

在企业层面,我们使用法国和中国的详细数据来分析欧洲进口竞争型企业、进口依赖型企业和中国出口商的表现。对于法国企业,我们利用两个数据集:由法国国家统计局(The National Institute of Statistics and Economic Studies)提供的法国年度商业调查(ABS)和法国海关署收集的国际贸易数据。法国海关总署提供了关于贸易流的来源国和目的地国、HS-8位数产品分类和制造业进出口额的信息。ABS数据集提供了所有拥有超过20名员工的法国企业的详细资产负债表信息,包括总产量、国内和国外销售额、员工数量和研发支出。将详尽的贸易数据集与全球反倾销数据库(GAD)结合起来,我们可以识别所有从中国或其他贸易伙伴进口目标产品的法国公司。具体而言,法国依赖进口的企业被认定为在实施反倾销措施前一年从中国进口目标产品的企业;受保护的进口竞争企业识别为生产与欧盟对中国进口产品实施反倾销措施的目标产品属于同一NACE 4位数部门的法国企业。

对于中国出口商,我们利用清华大学中国数据中心提供的中国海关数据集,该数据集涵盖了2000—2006年期间中国出口商的全部出口交易,包括HS-6位数水平的产品分类、贸易量、贸易值和出口目的地。我们将出口商识别为在欧盟实施反倾销措施前一年向欧盟出口了欧盟反倾销税目标产品的中国企业,并将中国海关数据与中国国家统计局开展的工业企业年度调查(ASIF)数据合并,以此收集到企业特征信息(如行业、企业名称、就业人数和企业规模)以及企业资产负债表、损益表和现金流量表中的许多财务变量(投入、产出、研发投资和增加值)信息。

图3-2显示了受反倾销措施影响的进口竞争型企业(the good)、进口依赖型企业(the ugly)和出口企业(the bad)在NACE2位数行业中的分布情况,以及中国产品在欧盟各行业中的市场份额。可以发现,法国进口竞争企业和中国出口企业集中在同一领域,主要是化工、机械和设备行业。

表3-1列出了法国进口依赖型企业、法国进口竞争型企业和中国出口企业的业绩统计数据。对于每组企业,我们比较了在欧盟对中国产品实施反倾销措施前后长达三年的时间窗口内计算出的受影响企业(处理企业)和(未匹配的)未受影响企业(非处理企业)的平均值。对于法国企业样本,我们将在此期间没有受到反倾销保护影响的所有进口竞争型或进口依赖型企业视为未处理企业。对于中国企业样本,我们将与受影响出口商处于同一HS-4位数行业的其余中国出口商视为未处理企业。

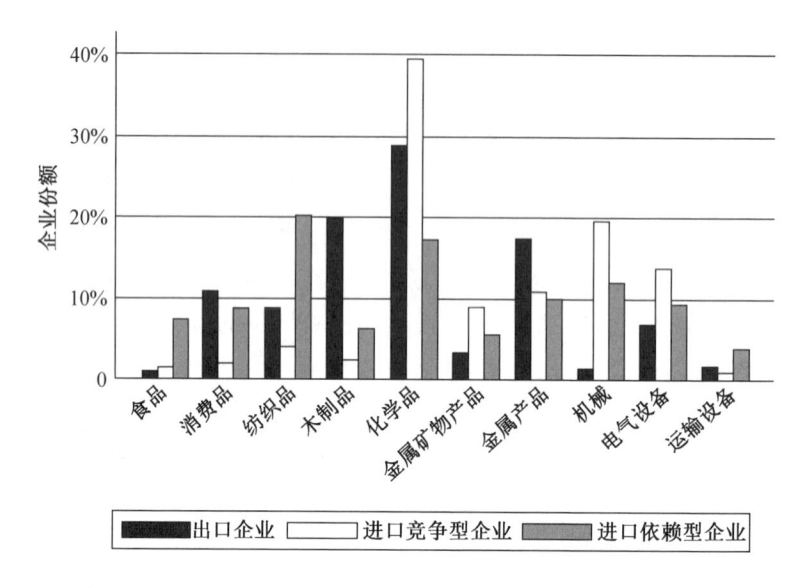

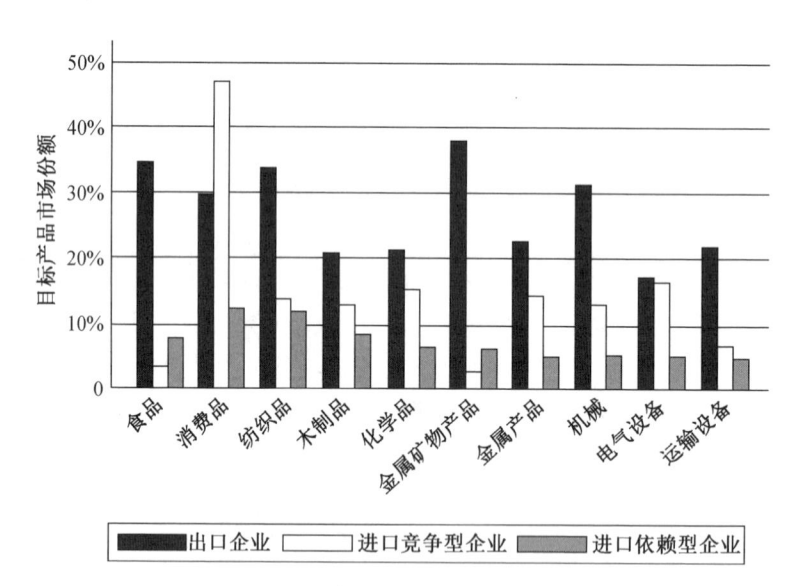

图 3-2 进口竞争型企业、进口依赖型企业和中国出口企业的分布以及目标产品的进口份额

注：根据 1999 年至 2007 年期间的《年度商业调查》《中国工业企业年度调查》和海关总署数据库绘制。图中显示了受反倾销措施影响的各类企业：进口竞争型企业（the good）、进口依赖型企业（the ugly）和出口企业（the bad）在 NACE 2 位数层面各制造业企业总数中所占的份额。对于法国产业而言，市场份额是以来自中国的进口额占目标产品总进口额的比例来衡量的，该比例在产业层面上取平均值；而对于中国产业而言，市场份额是以对欧盟的出口额占总出口额的比例来衡量的。

表 3-1　　　　　　　　　处理企业与未处理企业的统计比较

	法国进口依赖型企业					
	反倾销措施实施前			反倾销措施实施后		
	实验组	对照组	T 检验	实验组	对照组	T 检验
全要素生产率	4.905	4.336	3.899	4.873	4.345	3.021
就业人数	4.894	4.565	3.776	4.971	4.653	3.098
研发	1.869	1.192	4.379	1.923	1.283	3.431
总出口额	8.266	6.778	7.551	8.301	6.917	6.682
企业数量	686	7 608		485	9 131	

	法国进口竞争型企业					
	反倾销措施实施前			反倾销措施实施后		
	实验组	对照组	T 检验	实验组	对照组	T 检验
全要素生产率	4.19	4.027	7.864	4.179	4.040	6.762
就业人数	4.436	4.395	3.233	4.521	4.466	4.368
研发	1.295	0.851	10.257	1.242	0.868	8.571
总出口额	6.051	4.607	9.551	6.183	4.707	9.966
企业数量	2 063	10.728		2 029	17.145	

	中国出口商					
	反倾销措施实施前			反倾销措施实施后		
	实验组	对照组	T 检验	实验组	对照组	T 检验
全要素生产率	6.489	6.266	16.814	6.888	6.614	15.343
就业人数	6.026	5.778	24.068	6.000	5.593	27.953
研发	1.257	1.259	−0.066	1.742	1.772	−0.077
总出口额	14.136	13.227	56.536	14.438	13.505	41.207
企业数量	5 710	3 205		2 781	2 826	

注：统计数据基于 2000 年至 2006 年的《中国工业企业年度调查》和 1999 年至 2007 年的《法国企业年度调查》。出口商是指根据中国海关数据集，向欧盟出口受反倾销措施保护的产品（HS-6 位数）的中国企业。生产商是指所有属于欧盟对中国产品采取的反倾销措施（NACE4 位数）所保护行业的法国企业。进口商是指根据海关总署数据集（HS-6 位数）从中国进口目标产品的所有法国企业。表中列出了欧盟反倾销措施实施前后三年内，总就业人数的平均对数、按照 De Loecker（2007）方法估算的全要素生产率对数的平均企业生产率、研发活动总投资的平均对数、总出口额的平均对数以及各类别中受影响和未受影响企业的数量。

对于受影响的企业,表3-1列出了欧盟实施反倾销措施前后长达三年的平均值。对于未受影响的企业,我们比较了中位数年份前后的平均值。

只有略少于700家法国直接进口商受到反倾销措施的影响,而近2 000家法国生产商受到这些措施的保护。然而,与我们样本中的进口竞争企业相比,进口依赖型的企业平均规模更大,生产率更高,在研发活动上的投资也更多,同时是更活跃的出口商。表3-1显示,在实施反倾销措施后,依赖进口的企业数量大幅减少。受保护的进口竞争企业在受到保护后就业水平保持稳定,出口也有所增加;但与未受保护的生产商样本相比,出口增长较弱。表3-1还说明,在欧盟对中国产品采取反倾销措施后,中国出口商的数量大幅下降。然而,幸存的中国出口商报告称,他们的生产率水平有所提高,对研发活动的投资水平有所提高,出口总值也有所提高。欧盟对中国产品的反倾销措施似乎保护了生产率水平较低的进口竞争型企业,同时对生产率更高的进口依赖型企业所使用的中国产品征收进口关税。

二、识别策略

反倾销保护对企业的影响结果可能会受到两个潜在偏差来源的影响:一是发起反倾销案件的企业的自我选择;二是如果批准反倾销案件的决定是基于与企业层面结果相关的因素(例如,生产率、就业增长和其他宏观经济趋势),那么可能会存在政府(在本例中是欧盟)的自我选择(Konings和Vandenbussche,2008;Pierce,2011)。虽然欧盟委员会邀请依赖进口的企业参与调查过程,但可以说这些偏差来源与这些企业的相关性较低,因为他们不太可能会影响欧盟委员会的决定。然而,为了排除反倾销保护决策可能与因变量相关的变量有关的可能性,本研究运用PSM-DID模型去评估反倾销措施对受影响企业的影响(Konings和Vandenbussche,2008;Pierce,2011;Lu等,2013)。通过这种方法,我们能够评估处理者的平均处理效应(ATT),即受到对中国产品实施反倾销措施影响的企业[(处理组)和在实施反倾销措施前后未被处理的企业(控制组)之间的结果变量差异(Lechner,2002;Leuven和Sianesi,2003)]。如果经处理的观测结果不受反倾销措施的影响,其平均效应可表示为:

$$\tau_{ATT} = E(y^1_{t+n} - y^0_{t+n} \mid S_t = 1) = E(y^1_{t+n} \mid S_t = 1) - E(y^0_{t+n} \mid S_t = 1)$$

(1)

τ 代表反倾销对结果变量的预期净影响。最根本的问题是方程(1)中的两种可能结果中只有一种是可识别的,无论观测值是否接受了处理,同一观测值的反事实结果是无法观测到的。由于 $E(y_{t+n}^0 \mid S_t = 1)$ 不可观察到,因此我们采用 PSM 方法来构建合适的对照组。DID 方法的有效性依赖于这样的假设,即在没有外生冲击的情况下,处理组和对照组的平均结果变化 ($y^1 - y^0$) 是相同的。如果某些与结果变量动态相关的观测变量的分布在实验组和对照组之间不平衡,那么这一假设可能过于严格。在这种情况下,有必要对 DID 方法进行条件识别限制,即在 DID 估计中引入被认为与结果动态相关的变量(Abadie,2005)。Heckman 等人(1997)的研究表明,将 PSM 与 DID 结合起来可以有效消除选择偏差。匹配估计通过将处理组的企业与可比的未接受处理的企业进行比较,控制了可观察协变量的选择偏差,而 DID 方法则控制了与未观察异质性相关的偏差(Imbens,2004)。

我们考虑了几个反映受影响企业绩效的结果变量,如全要素生产率(TFP)、总就业人数、研发投资和出口总额。我们根据 De Loecker(2007)的方法估计 TFP,该方法是对标准的 Olley 和 Pakes(1996)方法的扩展,考虑到了出口商和国内企业之间生产率的异质性。在 TFP 的估计中,我们使用增加值来代表产出,使用总就业人数来衡量劳动力,使用中间投入总成本来衡量生产成本。我们还在估算中加入了出口商虚拟变量以及有形和无形资产投资总额。由于我们的全要素生产率衡量标准是基于收入而非实物产出,因此价格上涨,它可能会捕捉到加价效应,而非企业的效率变化(De Loecker 和 Van Biesebroeck,2018)。因此,在我们的分析中,所有货币价值都使用经合组织(OECD)两位数行业生产价格指数进行平减,法国以 2000 年为基线;中国的行业生产平减价格指数取自 Yang(2015),并遵循 Brandt 等人(2012)以 1998 年为基线构建。

PSM 技术允许我们从未处理的观察样本中选择一个合适的对照组,其观察值的分布尽可能与实施反倾销措施之前的处理组的观察值分布相似(Rosenbaum 和 Rubin,1983;Heckman 等,1997;Becker 和 Ichino,2002)。第一步是根据一组可观察的特征,估计受反倾销措施影响(处理)的概率 $Pr(AD=1)_{it}$,

$$Pr(AD=1)_{it} = \beta_0 + \beta_1 Prod_{it-1} + \beta_2 Ind_{it-1} + \beta_3 Firm_{it-1} + k_i + k_t + \xi_{it} \tag{2}$$

我们使用 Logit 模型来估算被处理的倾向得分,并对文献中显示的影响反倾销处理概率的产品水平($Prod_{it-1}$)和行业水平(Ind_{it-1})特征进行控制。我们还添加了一组企业层面的变量($Firm_{it-1}$),以确保处理组和对照组的企业具有相似的变量分布,这些变量与结果变量相关,并与企业受到反倾销措施处理的可能性相关。更具体地说,在进口产品层面,我们控制了来自中国的滞后进口渗透率、1987 年以来欧盟反倾销调查的累计次数(Blonigen 和 Park,2004;Konings 和 Vandenbussche,2008;Pierce,2011)以及来自中国的滞后进口价格。我们通过将欧盟行业滞后的就业水平纳入 NACE 4 位数水平来控制产品生产行业的规模。产业规模是衡量产业对经济和社会发展的重要意义的一个工具(Blonigen 和 Park,2004;Konings 和 Vandenbussche,2008;Pierce,2011)。在产业层面,我们还控制了滞后的就业增长率和滞后的生产率水平。一个不断发展的行业可能被认为在进口竞争中表现良好,因此可能较少受到保护。最后,考虑到欧盟层面的整体经济冲击,我们加入欧盟的滞后的 GDP 增长率。在企业层面,我们加入了以雇员人数衡量的滞后规模、滞后的全要素生产率、滞后进口总值和出口商虚拟变量。附录 B 中的表 B1 展示了三类公司的倾向评分估计结果。这表明,产品来自中国的进口渗透水平越高,中国产品价格越低,采取反倾销措施的可能性越大。对欧盟经济的负面冲击也与更大的处理概率有关。发起反倾销案例的企业的经验(以产品层面的以往反倾销案例数量为代表)也与采取处理措施的概率呈正相关。

我们将进口竞争企业与相同 NACE2 位数行业内的企业进行匹配,将进口依赖企业与类似的进口商进行匹配,这些进口商在 $t-1$ 期没有直接进口任何被征收欧盟反倾销税的产品。我们将匹配的控制组范围限制在与目标 HS-6 位数产品具有相同 HS-4 位数分类的进口产品的企业。对于中国出口商,我们将这些目标出口商与其他产品的中国出口商进行匹配,这些产品的 HS-4 位分类与 HS-6 位目标产品相同。在确定了处理组和对照组的数据后,我们构造了一个横截面的数据来观察,在处理年($t=0$)观察处理企业,在中位年观察每个对照组。

我们通过应用严格带宽为 0.05 的核算法匹配观测值。我们规定了一个共同的支持条件,并删除倾向得分大于或小于未受影响的最大值或最小值的处理组观察值。核匹配估计法将可比的非处理企业结果的核加权平均值与处理企业 i 的结果 y_{it} 联系起来,其中非处理企业 c 的权重与

i 和 c 之间的接近程度成正比（Leuven 和 Sianesi，2003；Caliendo 和 Kopeinig，2008）。我们使用自举法估算标准误差，重复 500 次，以减轻与倾向评分估算和匹配过程中引入的额外变异源带来的异方差问题（Heckman 等，1997；Abadie 和 Imbens，2011）。附录 B 中的表 B2、表 B3 和表 B4 对匹配程序中使用的变量进行了平衡测试，证实了匹配的质量和有效性。更准确地说，这些测试表明，没有一个变量的绝对标准化偏差超过有效匹配所需的 25% 临界值（Rosenbaum 和 Rubin，1985；Caliendo 和 Kopeinig，2008）。处理组与控制组方差比表明，大多数协变量的平衡性良好。对于所有企业层面的变量，平行趋势检验表明，在处理前，处理者和控制组没有显著差异。

三、实证结果分析

在讨论企业层面的分析之前，我们从产品层面初步讨论了反倾销措施对欧盟和中国之间贸易总额的影响。本章节概述了反倾销措施对受影响产品的贸易流量和价格的总体影响，并为企业层面的分析提供了背景。附录中的表 C1 是中国对欧盟出口产品的分析结果，附录 C1 的结果分析表明，反倾销措施成功地减少了中国对欧盟市场的目标产品出口总额。然而，出口的下降是由出口企业数量的大幅减少造成的。对企业-产品层面的进一步分析表明，幸存的出口企业并没有减少受影响产品的出口，也没有改变这些产品的离岸价。附录中的表格 C2，从欧盟的角度提供了产品层面的等效分析。它探讨了反倾销措施对多个来源国（中国、欧盟内部和世界其他国家）的进口目标产品价格（FOB）的影响。表 3-2 显示，反倾销措施导致来自中国和世界其他国家的进口产品价格上涨。然而，单一市场范围内的内部价格并未受到这些措施的显著影响。本章节这些结果与 Prusa(1997) 的研究结果一致，其研究发现美国的反倾销措施导致目标国家和非目标国家的外国价格都有所上涨；与 Liebman(2006)、Konings 和 Vandenbussche(2008) 的结果相一致，他们分别发现反倾销措施对美国和欧盟国内价格的影响有限。

（一）欧盟进口依赖型企业

我们将反倾销措施映射到企业层面的产品进口，以精确研究反倾销政策对进口依赖型企业的影响。表 3-2 报告了欧盟反倾销措施在处理后两年内的 DID 分析结果。主要规范是基于"直接进口商"的样本，即在处理前一年 $(t-1)$ 直接从中国进口欧盟反倾销措施所针对的产品的企

表 3-2　欧盟反倾销措施对进口依赖型企业的影响

	直接进口商			幸存进口商			退出进口商		
	t	$t+1$	$t+2$	t	$t+1$	$t+2$	t	$t+1$	$t+2$
				全要素生产率					
ATT	−0.071***	−0.035**	−0.038	−0.073**	−0.044*	−0.042	−0.069**	−0.081*	−0.037
b. s. e.	(0.026)	(0.015)	(0.046)	(0.031)	(0.026)	(0.053)	(0.027)	(0.046)	(0.033)
				总就业					
ATT	−0.021*	−0.052***	−0.048*	−0.024*	−0.045**	−0.040	−0.018	−0.050**	0.001
b. s. e.	(0.013)	(0.019)	(0.028)	(0.015)	(0.021)	(0.031)	(0.014)	(0.021)	(0.037)
				研发投资					
ATT	−0.200	−0.074	−0.047	−0.095	−0.111	0.018	−0.303	−0.020	0.150
b. s. e.	(0.145)	(0.162)	(0.226)	(0.172)	(0.193)	(0.270)	(0.160)	(0.179)	(0.270)
				总出口额					
ATT	−0.298***	−0.301**	−0.075	−0.267**	−0.272*	0.243	−0.367***	−0.308**	−0.221
b. s. e.	(0.118)	(0.138)	(0.188)	(0.132)	(0.153)	(0.184)	(0.129)	(0.149)	(0.247)
No. Obs.	8 175	8 141	7 370	7 840	7 823	7 236	7 385	7 363	6 755

注：这些估计是根据年度商业调查和海关机构 1999 年至 2007 年的数据得出的。在括号中报告了 500 次重复的自举标准误差（b. s. e.）。*** $p < 0.01$，** $p < 0.05$，* $p < 0.1$。结果变量是相对于 $(t-1)$ 期的企业层面 TFP，全职员工数量，研发投资和出口值的增长。直接进口商样本包括直接从中国进口目标产品的公司。直接进口欧盟反倾销措施所针对产品的依赖进口商 (t) 年和处理年份 $(t-1)$ 年和处理年份 $(t-1)$ 年直接从中国进口的公司。幸存进口商样本包括在 $(t-1)$ 年直接从中国进口目标产品，但在处理后不再进口的企业。我们将接受处理进口商的公司与不直接进口在任何其他欧盟反倾销措施约束产品的类似进口商进行匹配，并且我们将控制范围限制在进口与目标 HS-6 位数产品具有相同 HS-4 位数分类产品的公司。

业。我们还根据企业是否继续从中国进口来区分反倾销措施的影响。因此,我们将"直接进口商"样本分为两个子样本:"存活进口商",即在实施反倾销税措施前一年($t-1$)和实施反倾销税措施当年(t)直接从中国进口目标产品的企业;"退出进口商",即在实施反倾销税措施前一年($t-1$)直接从中国进口目标产品,但在实施反倾销税措施后不再从中国进口目标产品的企业。

从表3-2可以看出,反倾销措施对从中国进口目标产品的企业生产率、就业和出口企业总额产生了负面影响。这些负面影响从实施保护措施的年份开始,并在随后的年份持续存在。与匹配的对照组相比,受保护措施影响的进口企业在保护措施实施当年和次年的生产率增长率下降了3~7个百分点,就业增长率下降了2~5个百分点。此外,进口商业绩的恶化影响了其出口总额的增长,在处理后的两年内,出口总额下降了近30个百分点。在继续从中国进口产品的企业(存活的进口商)和停止从中国进口目标产品的企业(退出的进口商)这两个子样本中都可以观察到反倾销税的负面影响。然而,退出的进口商受到的影响更大。虽然幸存的进口商的生产率增长率下降了4~7个百分点,但在退出的进口商中,生产率下降了7~8个百分点。同样,幸存的进口商的就业增长率下降了2~4个百分点,而停止从中国进口的进口商的就业增长率下降了1.8~5个百分点。

这些结果与从中国获得廉价进口产品有助于企业储蓄从而提高生产率和竞争力的假设是一致的(Grossman和Rossi-Hansberg,2008),并证实了Bloom等人(2016)、Mion和Zhu(2013)的研究结果,即向中国外包对欧洲企业的生产率和技能升级有积极影响。然而,研究结果表明,从中国进口与研发投入的增加无关。我们发现,在研发投资方面,处理企业和对照企业之间没有差异。这一证据也与Bloom等人2016年的研究相一致,他们发现对中国的离岸外包措施对欧洲企业的专利申请活动没有显著影响。我们的研究结果似乎还表明,被迫转向其他国家或国内替代供应商的企业,成本会增加,从而对生产率、就业增长和国际竞争力产生更大的负面影响。

我们通过限制反倾销措施对进口商依赖目标产品的影响来探讨这一想法。表3-3显示了我们将依赖进口的企业样本按$t-1$年的生产率分为四个四分位数的结果。第一四分位数对应生产率最低的企业,第四个四分位数对应生产率最高的企业。表3-3显示,反倾销措施主要影响生

表 3-3　欧盟反倾销措施对依赖进口企业影响的异质性：按全要素生产率四分位数分析

	第一四分位数			第二四分位数			第三四分位数			第四四分位数		
	t	$t+1$	$t+2$	t	$t+1$	$t+2$	t	$t+1$	$t+2$	t	$t+1$	$t+2$
全要素生产率												
ATT	−0.027	−0.017	−0.021	−0.017	−0.025	−0.022	−0.084*	−0.080	−0.028	−0.435***	−0.402***	−0.401***
b.s.e.	(0.048)	(0.052)	(0.083)	(0.049)	(0.062)	(0.101)	(0.051)	(0.058)	(0.089)	(0.060)	(0.068)	(0.099)
总就业												
ATT	−0.0035	−0.032	−0.049	0.055*	0.055	−0.005	−0.050**	−0.051	−0.025	−0.059**	−0.066*	0.040
b.s.e.	(0.025)	(0.039)	(0.064)	(0.032)	(0.039)	(0.073)	(0.029)	(0.039)	(0.047)	(0.027)	(0.037)	(0.058)
研发投资												
ATT	−0.158	−0.083	−0.663	−0.536	−0.308	−0.031	−0.384	−0.214	0.149	−0.004	−0.302	0.087
b.s.e.	(0.285)	(0.318)	(0.451)	(0.332)	(0.351)	(0.464)	(0.343)	(0.383)	(0.459)	(0.232)	(0.274)	(0.388)
总出口额												
ATT	−0.365	−0.335	−0.170	−0.141	−0.215	−0.119	−0.448**	−0.349	0.210	−0.721***	−1.229***	−1.070***
b.s.e.	(0.232)	(0.277)	(0.444)	(0.275)	(0.294)	(0.405)	(0.220)	(0.253)	(0.348)	(0.257)	(0.314)	(0.401)
No. Obs.	2169	2165	1962	2067	2055	1879	1964	1796	1967	1862	1847	1631

注：估计基于1999年至2007年的年度商业调查和海关总署数据。括号中报告了500次重复的自举标准差（b.s.e.）。*** $p<0.01$，** $p<0.05$，* $p<0.1$。结果变量为企业全要素生产率、全职雇员人数、研发投资和出口额相对于$(t-1)$年的增长。样本包括从中国进口欧盟反倾销措施所针对产品的依赖进口企业，并根据$(t-1)$年每个NACE2位数行业内的全要素生产率分为四等分。我们根据每个NACE2位数行业内的全要素生产率分布情况，将受控的依赖进口企业与$(t-1)$年未直接进口任何其他欧盟反倾销措施所针对产品的类似进口企业进行匹配，并将受控企业样本限制为进口对象与欧盟反倾销措施所针对产品相同的HS-4位数分类的企业。

产率最高的进口商。在生产率的前两个四分位数中,我们发现受影响企业与匹配的对照企业之间没有显著差异。在生产率的第三个四分位数中,我们观察到反倾销措施对受影响的直接进口商的全要素生产率、就业和出口总额产生了负面影响,但这些影响仅限于措施实施的那一年。然而,对于生产效率最高的直接进口商,我们发现除了研发投资外,反倾销措施在三年期间产生了持续的负面影响。考虑到企业对进口的自我选择(Elliott 等,2016),表 3-3 中的结果可能是由于更具生产力的企业更依赖进口,因此更受保护主义措施的影响。

我们通过将反倾销措施的影响与进口商对目标产品的依赖程度挂钩来探讨这一观点。为此,我们将依赖进口的企业样本按时间 $t-1$ 的进口强度分为四等分,以目标产品从中国的进口占该企业总进口的份额来衡量进口强度。更依赖从中国直接进口产品的企业受这些措施的影响更大。第一个四分位数对应最低的进口强度,第四个四分位数对应最高的进口强度。表 3-4 显示的结果证实了我们的猜想。反倾销措施对生产率、就业和出口总额的负面影响只出现在第三和第四个四分位数,而且在进口强度的第四个四分位数中影响更大。前两个四分位数中依赖进口的企业没有受到反倾销措施的影响;如果说有什么不同的话,第一个四分位数中的企业似乎在就业方面有所增长,这可能是因为它们受益于更依赖从中国直接进口受影响产品的企业所经历的竞争力丧失。

将样本局限在直接从中国进口受影响产品的企业可能过于严格,因为其他企业可能在不直接进口的情况下使用这些产品,因此可能会间接受到反倾销措施的影响。如果反倾销措施导致来自其他原产国或国内市场的进口产品价格上涨,那么我们预计来自其他原产国的进口商和国内采购目标产品的用户也会受到影响。附录 C2 显示,在实施反倾销措施后,不仅来自中国的目标产品价格上涨,其他非欧盟国家的目标产品价格也有所上涨。然而,反倾销措施的实施似乎并未影响单一市场内的价格。因此,我们预计非欧盟原产地的进口商即使不一定直接从中国进口产品,也会受到反倾销措施的影响。

因此,我们扩大了进口依赖型企业的定义范围,包括来自欧盟以外国家的 HS-6 位数水平的目标产品的所有进口商,并将这些企业与仅在欧盟单一市场内采购这些产品的企业(来自欧盟国家的进口商)进行比较。这一区别使我们能够确定反倾销保护的效果是否因来源国而异,特别是在欧盟单一市场内外。遗憾的是,由于数据没有报告企业层面的国内投

表 3-4　欧盟反倾销措施对依赖进口企业影响的异质性：按进口份额的四分位数分析

	第一分位数			第二分位数			第三分位数			第四分位数		
	t	$t+1$	$t+2$	t	$t+1$	$t+2$	t	$t+1$	$t+2$	t	$t+1$	$t+2$
全要素生产率												
ATT	−0.038	0.005	0.045	0.068	0.111*	0.088	0.003	−0.042	0.063	−0.116**	−0.077*	−0.139*
b.s.e.	(0.095)	(0.114)	(0.145)	(0.053)	(0.066)	(0.090)	(0.055)	(0.065)	(0.103)	(0.049)	(0.036)	(0.077)
总就业												
ATT	0.154***	0.132**	0.273***	−0.019	−0.031	−0.065	−0.023	−0.049**	−0.075**	−0.029	−0.116***	−0.115**
b.s.e.	(0.049)	(0.068)	(0.099)	(0.027)	(0.035)	(0.061)	(0.024)	(0.024)	(0.034)	(0.029)	(0.042)	(0.045)
研发投资												
ATT	0.620	0.170	0.471	−0.289	−0.453	−1.178***	0.308	0.235	−0.666	−0.483*	−0.136	0.370
b.s.e.	(0.426)	(0.483)	(0.685)	(0.286)	(0.309)	(0.301)	(0.324)	(0.326)	(0.543)	(0.278)	(0.325)	(0.465)
总出口额												
ATT	−0.565	−0.084	−0.169	−0.194	0.064	0.274	−0.458**	−0.534**	0.638	−0.308*	−0.479**	−0.196
b.s.e.	(0.594)	(0.623)	(0.785)	(0.263)	(0.311)	(0.309)	(0.217)	(0.263)	(0.400)	(0.183)	(0.212)	(0.333)
No. Obs.	2 396	2 387	2 168	2 155	2 148	1 944	2 238	2 230	2 025	1 386	1 376	1 233

注：估计基于 1999 年至 2007 年的年度商业调查和海关总署数据。括号中报告了 500 次重复的自举标准误差（b.s.e.）。*** $p < 0.01$, ** $p < 0.05$, * $p < 0.1$。结果变量为企业全要素生产率，全职雇员人数，研发投资和出口额相对于 $(t-1)$ 年的增长。样本不包括在 $(t-1)$ 年直接从中国进口欧盟反倾销措施所针对产品的依赖进口企业，并按在 $(t-1)$ 年的目标产品进口强度分为四等分，即从中国进口的目标产品占企业总进口的份额。我们根据进口强度（以总进口额与总销售额之比衡量），将受控进口企业与不直接进口与欧盟反倾销措施目标产品相同的 HS-4 位数分类的产品的类似进口企业进行匹配，并将受控企业样本限制为进口与欧盟反倾销措施目标产品相同的 HS-4 位数分类的企业。

入品使用情况,我们无法识别使用从国内市场获得的目标产品的企业。此外,为了捕捉反倾销对目标产品更广泛用户群的影响,我们假定在NACE4 位数行业内,所有企业都使用类似的产品。我们将用户确定为与直接从中国进口目标产品的企业属于同一 NACE4 位数行业的所有企业,这是我们对进口依赖型企业的主要定义。

表 3-5 中的结果表明,只有来自非欧盟国家的进口商受到反倾销措施的负面影响。欧盟内部的进口商在实施反倾销措施后的两年内就业增长率有所上升。这些结果与表 3-4 中的结论相吻合,即受保护性措施影响较小的企业似乎从受反倾销措施影响更直接的竞争对手的业绩损失中获益。当我们考虑反倾销税对按行业 4 位数定义的目标产品用户的影响时,我们发现对处理组当年的全要素生产率和出口总额有负面影响。我们还发现,与未受影响的企业相比,受影响企业的就业和研发投资经历了负增长。这一发现似乎表明,由于实施反倾销措施,中国目标产品价格的上涨和可用品种数量的减少伤害了目标产品的用户,即使他们不直接进口产品,这与文献中的类似结果一致(Halpern 等,2015;Vandenbussche 和 Viegelahn,2018)。总体而言,研究结果表明,欧盟对中国产品的反倾销措施对进口依赖型企业,特别是生产率最高的进口商和高度依赖使用目标产品的进口商具有负面影响,对不直接从中国进口受影响产品的其他企业也产生了负外部性效应。

(二)欧盟进口竞争型生产商

现在我们来看看反倾销措施对法国进口竞争型企业的影响。我们效仿 Konings 和 Vandenbussche(2008)以及 Pierce(2011)的做法,在行业层面识别进口竞争型企业。可以说,4 位数层面的行业分类不足以反映产品(HS-6 位数)层面的进口竞争。然而,数据只提供了 4 位数的行业分类,并没有在更细分的层面上列出每个企业生产的产品。为了检验我们的结论是否可靠,我们依靠法国海关数据,在 HS-6 位数水平上将进口竞争企业确定为目标产品的出口商。通过出口数据,我们可以确定生产和出口目标产品的企业样本。我们将出口到欧盟单一市场的企业和出口到欧盟以外地区的企业区分开来,前者是因为这些企业在欧盟所有国家都享受反倾销措施的保护,后者是因为这些企业在单一市场以外地区不受中国竞争的保护。表 3-6 的结果显示,欧盟反倾销措施成功地为进口竞争的企业提供了保护。在全要素生产率和就业率受到最初的负面冲击之后,受保护的进口竞争企业在实施反倾销措施两年后的生产率和就业率

表 3-5　欧盟反倾销措施对依赖进口企业的影响：其他定义

	产品源自欧盟的进口商			产品源自非欧盟的进口商			NACE4 位数企业		
	t	$t+1$	$t+2$	t	$t+1$	$t+2$	t	$t+1$	$t+2$
全要素生产率									
ATT	−0.024	−0.043	−0.033	−0.045*	−0.057	−0.009	−0.039***	−0.010	0.015
b.s.e.	(0.029)	(0.029)	(0.039)	(0.025)	(0.036)	(0.043)	(0.015)	(0.017)	(0.026)
总就业									
ATT	0.009	0.040**	0.073***	−0.022	−0.042*	−0.068**	−0.026***	−0.022**	−0.016
b.s.e.	(0.012)	(0.017)	(0.024)	(0.019)	(0.022)	(0.030)	(0.009)	(0.011)	(0.019)
研发投资									
ATT	−0.232*	−0.172	−0.146	0.101	0.287**	0.235	−0.177***	−0.158**	−0.074
b.s.e.	(0.122)	(0.140)	(0.187)	(0.123)	(0.137)	(0.158)	(0.064)	(0.074)	(0.121)
总出口额									
ATT	0.141	−0.074	−0.046	−0.294*	−0.453**	−0.185	−0.193**	0.017	0.089
b.s.e.	(0.102)	(0.116)	(0.150)	(0.164)	(0.195)	(0.234)	(0.076)	(0.089)	(0.149)
No. Obs.	3 742	3 667	2 910	3 362	3 316	2 867	19 044	17 396	12 015

注：估计基于 1999 年至 2007 年的年度商业调查和海关总署数据。结果变量为企业全要素生产率、全职雇员人数、研发投资和出口额相对于 $(t−1)$ 的增长。括号中报告了 500 次重复的自举标准误差(b.s.e.)。*** $p<0.01$，** $p<0.05$，* $p<0.1$。这些企业在 $(t−1)$ 年只从欧盟内部进口 HS-6 位数级别的目标产品。来自欧盟的进口商样本包括依赖进口的企业。依赖进口目标产品的企业为来自欧盟目标产品的所有企业。来自非欧盟的进口商样本包括 $(t−1)$ 年从欧盟以外进口 HS-6 位数目标产品的类似进口商进行匹配。用户 NACE4 位数企业进口商进口在 $(t−1)$ 年只从欧盟以外进口 HS-6 位数目标产品的所有企业。我们将样本自欧盟的受管制进口商采取任何其他反倾销措施的产品。我们将目标进口商与来自欧盟内部的类似进口商进行匹配，这些进口商与目标进口商属于同一 HS-6 位数产品类，并目我们将管制车限制为进口商在 $(t−1)$ 中没有直接进口目标产品的公司。同样，我们将非欧盟以外的类似进口商进行匹配，这些进口商与目标产品属于同一 HS-4 位数分类的进口商，并且我们将管制组限制为进口商在 $(t−1)$ 中没有直接进口任何受管制组织的产品的公司。最后，我们将样本用户中的 NACE2 位数行业中其他 NACE4 位数行业的类似企业进行匹配。

表 3-6　欧盟反倾销措施对进口竞争企业的影响

	NACE4 位数生产商			向欧盟出口的出口商			向非欧盟出口的出口商		
	t	$t+1$	$t+2$	t	$t+1$	$t+2$	t	$t+1$	$t+2$
				全要素生产率					
ATT	−0.040**	0.006	0.076**	0.006	0.098	0.021	−0.061**	−0.007	0.048
b.s.e.	(0.019)	(0.022)	(0.034)	(0.072)	(0.083)	(0.091)	(0.026)	(0.031)	(0.047)
				总就业					
ATT	−0.025**	−0.025*	0.004**	0.112***	0.097*	0.078	0.013	0.009	0.025
b.s.e.	(0.010)	(0.014)	(0.002)	(0.038)	(0.048)	(0.060)	(0.013)	(0.018)	(0.031)
				研发投资					
ATT	0.012	−0.066	−0.061	−0.288	−0.701**	−0.703	0.113	−0.190	−0.178
b.s.e.	(0.087)	(0.095)	(0.159)	(0.364)	(0.326)	(0.479)	(0.135)	(0.150)	(0.235)
				总出口额					
ATT	−0.129	−0.019	0.249**	0.115	0.121	0.890***	0.050	−0.003	0.045
b.s.e.	(0.103)	(0.180)	(0.122)	(0.284)	(0.345)	(0.223)	(0.123)	(0.146)	(0.341)
No. Obs.	14 939	14 747	12 032	10 610	10 579	9 601	10 746	10 705	9 659

*** $p<0.01$，** $p<0.05$，* $p<0.1$。

注：这些估计是根据年度商业调查和海关机构 1999 年至 2007 年的数据得出。在括号中报告了 500 次重复的自举标准误差（b.s.e.）。Pierce 和 Schott(2009)关于 HS 和 SIC 代码之间对照表匹配了(t−1)的企业层面 TFP、全职员工数量、研发投资和出口值的增长。这些公司使用 NACE4 位数行业中运营的类似公司进行匹配，这些公司包括在相同的 NACE2 位数行业中，并且没有受到其他欧盟反倾销措施的保护。欧盟出口商样本包括所有在时间(t−1)出口到目标产品(HS-6 位数)的法国企业，这些产品仅出口到其他欧盟国家。我们将本样本中受处理欧盟反倾销措施影响企业与仅在欧盟目标市场内出口的类似企业进行匹配，这些企业出口的产品与受影响的 HS-6 位数产品属于相同的 HS4 位数分类，且目标产品没有受到其他欧盟反倾销措施的影响。向非欧盟出口市场—市场以外出口到欧盟单一市场—市场以外出口的 HS-6 位数目标产品的法国企业，我们将本样本中受处理的公司与类似公司进行匹配，这些公司与受处理欧盟反倾销措施的公司类似出口到欧盟单一市场以外的 HS-6 位数产品属于相同的 HS-4 位数分类，并且未受其他欧盟反倾销措施的影响。

都有所提高。生产率的提高转化为国际竞争力的增强,这体现在实施反倾销措施后第二年对出口总额的积极影响上。研究结果还表明,尽管这些措施为企业在受到保护的同时投入更多资源进行产业和生产重组提供了机会,但实际上反倾销保护并没有显著影响企业的研发投资倾向。关于竞争如何影响创新的理论文献缺乏共识。一方面,增加的产品市场竞争可能会通过减少利润而抑制创新;另一方面也可能通过增加研发投资的增量利润来鼓励创新(Aghion 和 Howitt,1992;Aghion 等,2005)。关于贸易自由化对进口竞争企业创新影响的实证文献也缺乏一定的结论性(Bloom 等,2016;Autor 等,2020)。特别是在反倾销保护方面,Crowley(2006)研究表明,这些措施可以加速国内进口竞争企业的技术采用。

反倾销措施对进口竞争企业的生产率和就业具有强有力的影响。进口竞争企业的定义,即向欧盟内目的地出口目标产品的出口商。出口到欧盟以外目的地的出口商继续面临单一市场以外的国际竞争,因此不能充分享受反倾销保护的好处。尽管考虑到最大和最具生产力的企业会自我选择出口(Melitz,2003;Mayer 和 Ottaviano,2008),出口商可能无法代表所有进口竞争企业,但两个样本的研究结果的一致性表明,我们能够捕捉到反倾销保护对进口竞争企业的影响。此外,我们的研究结果与Konings 和 Vandenbussche(2008)对欧洲企业的研究结果基本一致。

在附录 C 的表 C3 中,我们探讨了反倾销措施对进口竞争企业(定义为与被处理产品属于同一 NACE4 位数行业的企业)生产力分布的异质性影响。我们将进口竞争企业样本分为四分位数(以 $t-1$ 为衡量标准)的全要素生产率,发现保护主义措施只有利于生产率最低的企业(第一四分位数)。在实施反倾销措施后,与匹配的对照组相比,这些企业的生产率和就业率都出现了正增长。在全要素生产率的第二和第三四分位数中,我们观察到处理组企业与控制组企业之间的差异有限。然而,对于生产率最高的产品(第四个四分位数),然而,对于生产率最高的企业(第四个四分位数),我们发现,反倾销措施导致的进口竞争减少会对受保护生产者的生产率、就业和总出口产生负面影响。这些结果证实了 Konings 和 Vandenbussche(2008)的发现,也符合 Lileeva 和 Trefler(2010)的理论预测,即认为低生产率企业从事提高生产率的投资,并且由于市场规模的增加而推动生产率的提高。在反倾销措施的背景下,贸易保护措施通过减少进口竞争,导致国内企业的市场规模增加,这有利于生产率最低的企业,否则它们可能无法生存。如前所述,我们对生产率的衡量是基于收入而非实际产出。正如 De Loecker 和 Van Biesebroeck(2018)所强调的,基于收入的生产率衡量方法可能会捕捉到加价效应,而不是企业效率的变化。但是,如表 C2 所示,单一市场内的内部价格并未因反倾销措施而上涨。因此,我们可以认为,反倾销措施对全要素生产率的影响反映了进口竞争企业效率的变化。

(三) 中国出口企业

最后,我们探讨欧盟实施反倾销措施后对中国出口商的影响。首先,我们将被处理的出口商识别为在处理前一年向欧盟出口目标产品的企业。其次,我们还区分了幸存出口商和退出出口商。幸存的出口商是指在处理前一年和处理当年向欧盟出口目标产品的中国企业;退出的出口商则是指在处理前一年向欧盟出口目标产品但在处理后没有出口的中国企业。我们在与目标产品相同的 HS-4 位数级别分类中,将接受治疗的出口商与未接受治疗的出口商进行匹配。表 3-7 显示,欧盟反倾销税对中国出口商的影响总体上是积极的。欧盟实施的反倾销措施导致全要素生产率、就业率和出口总额在措施实施后的两年内有所增长。反倾销措施的实施相当于贸易成本的增加,预计这些措施将提高生产率的临界值,超过临界值的企业就可以向欧盟单一市场出口(Melitz,2003)。中国出口商似乎通过投资研发来应对这些保护主义措施,以提高生产率和国际竞争力。正如 Kaz 等人(2016)所指出的,投资研发也可能是规避欧盟对特定产品限制的一种手段。

研发和出口总额的改善主要是由幸存的出口商推动的。此外,对于幸存下来的出口商来说,反倾销措施对生产率的影响也更大。这些结果表明,一些企业通过投资于提高生产率的措施来应对反倾销措施,从而能够扩大就业和出口,而另一些企业面临出口成本增加的反应是退出欧盟市场。我们进一步探讨了中国出口商对反倾销措施的异质性反应,将样本按照 $t-1$ 年全要素生产率划分四分位。结果如附录表 C4 显示,对生产率、就业和总出口的积极影响是由生产率最高的中国出口商驱动的,这些出口商更有可能在征收反倾销税后生存下来。关于贸易自由化和生产率的理论文献强调了企业对贸易成本变化的异质性反应(Lileeva 和 Trefler,2010;Bustos,2011)。欧盟的反倾销措施似乎促使幸存下来的中国出口商重新思考并改善他们的生产和出口行为,将资源从小型出口商重新分配到规模更大、生产力更高的出口商,同时在企业内部重新分配资源,从低技能企业转向资本和技能密集型企业。我们的研究结果反映了

表 3-7　欧盟反倾销措施对中国出口商的影响

		出口商		幸存出口商			退出出口商	
	t	$t+1$	$t+2$	t	$t+1$	$t+2$	t	$t+1$	$t+2$
				全要素生产率					
ATT	0.220***	0.385***	0.291**	0.150***	0.334***	0.193	0.235***	−0.188	0.286**
b.s.e.	(0.042)	(0.069)	(0.134)	(0.053)	(0.082)	(0.135)	(0.057)	(0.383)	(0.123)
				总就业					
ATT	0.244***	0.403***	0.453***	0.177***	0.296***	0.348***	0.141***	0.041	0.784***
b.s.e.	(0.038)	(0.056)	(0.072)	(0.043)	(0.061)	(0.073)	(0.052)	(0.250)	(0.089)
				研发投资					
ATT	0.196***	0.430***	−0.008	0.142**	0.300*	−0.050	0.079	0.623	−0.622***
b.s.e.	(0.071)	(0.145)	(0.174)	(0.072)	(0.162)	(0.185)	(0.135)	(0.918)	(0.209)
				总出口额					
ATT	0.658***	0.988***	1.066***	0.493***	0.735***	0.811***	0.462***	0.571	−0.945***
b.s.e.	(0.071)	(0.116)	(0.121)	(0.079)	(0.134)	(0.121)	(0.087)	(0.372)	(0.185)
No. Obs.	30 663	30 663	30 663	13 906	13 906	13 906	16 295	16 295	16 295

注：估计基于 2000 年至 2006 年的中国工业企业年度调查和中国海关数据。括号内为 500 次重复的自举标准误差（b.s.e.）。*** $p<0.01$，** $p<0.05$，* $p<0.1$。结果变量为企业全要素生产率、全职员工人数、研发投入和出口额相对于 $(t-1)$ 的增长。出口商样本包括所有在 $t-1$ 年向欧盟出口欧盟反倾销措施所针对产品的中国企业。幸存出口商样本包括在 $(t-1)$ 年和处理年 (t) 向欧盟出口目标产品的中国企业。退出出口商样本包括在 $(t-1)$ 年向欧盟出口目标产品但在处理后没有出口的中国企业。我们将受处理的出口企业与目标产品的 HS-4 位数分类中的类似出口企业进行匹配。

Lu 等人（2013）的结果，他们发现，在征收反倾销税后，生产率较高的中国出口商退出美国市场的可能性较低，因此，幸存的出口商往往会变得更大、更具生产力。

（四）稳健性检验

我们通过进行几项检查和估算其他规格来检验主要研究结果的稳健性。我们测试了其他匹配技术，并在附录表 B1 所示的相同倾向得分估算的基础上进行了一对一匹配。我们还测试了另一种倾向得分估算方法，该方法基于面板数据 Logit 估算。在估计出倾向得分后，我们保留了数据的横截面，即在处理年份观察处理企业，在中位年份观察对照企业，并在此倾向得分估计的基础上进行核匹配。附录 C 中的表 C5、表 C6 和表 C7 列出了对进口依赖型企业、进口竞争型企业和中国出口企业的主要规格进行稳健性检验的结果。这些表格表明，我们的主要发现对于匹配方法和在倾向得分水平上控制企业层面的固定效应是稳健的。在我们的主要模型中，我们将那些在实施反倾销措施的前一年直接从中国进口、生产或向欧盟出口产品的企业视为受处理的企业。我们用更严格的处理方式来测试我们的研究结果的稳健性。因此，我们将进口依赖、进口竞争和中国出口商定义为在受处理前至少连续三年进口、生产和出口目标产品的企业。附录表 C8 显示的结果与我们的主要结论一致。我们还尝试将退出的进口商样本分为两个子样本：继续从不同国家进口投入品的企业和停止进口产品的企业。然而，每个子样本中受处理企业的数量都不足以得出有意义的结论，但结果总体上是一致的。

（五）反倾销政策的总体效应

遗憾的是，由于种种原因，本章节无法对欧盟针对中国进口产品的反倾销政策进行全面的福利分析。首先，尽管我们考虑了反倾销税对目标产品的使用者和生产者的影响，但我们只关注四个企业层面的结果：生产率、就业、研发投资和出口总额。其次，我们没有考虑对上下游相关产业的影响。最后，我们没有估算通过价格和工资对经济产生福利影响的结构模型。相反，我们的分析使用的是法国的数据，虽然我们认为这是一个具有代表性的案例研究，但在欧盟层面进行正式的福利分析需要获得欧盟各国企业层面的详细数据。然而，尽管存在这些局限性，我们还是在本节中对样本中受不同影响的法国企业群体在就业和出口总额方面的总体影响进行了粗略计算。根据企业层面的计算结果，我们估算了法国行业层面的总体影响,并假定我们数据中的企业能够代表欧洲企业,我们还对欧盟层面受影响行业的影响进行了一些估算。如表3-2和表3-6所示,反倾销税对进口竞争型企业和进口依赖型企业的影响是相反的。我们对进口竞争企业的主要定义(表3-6中的第一个面板)的结果表明,在对就业和出口总额的增长产生最初的负面影响后,反倾销保护在实施反倾销税两年后导致了更高的增长率。这些影响创造了近1400个就业机会,出口总额增加了近78亿欧元。以单一市场内目标产品的法国出口商为样本(表3-6第二部分),本书发现这些生产商在实施反倾销税的当年和之后一年创造了约20 000到24 000个就业岗位。这些生产商还扩大了近150亿欧元的出口。

如果我们将这些近似效应与进口目标产品的直接进口商所遭受的损失进行比较(表3-2,第一部分),我们会发现这些企业因反倾销税损失了近13 000个工作岗位和90亿欧元的出口额。如果我们将依赖进口的企业的定义扩展到非欧盟国家的进口商(表3-5的第二部分),我们会发现,在征收反倾销税后的两年内,这一范围更广的进口商群体损失了约2万至2.5万个工作岗位,其出口总值减少了近240亿欧元。

就业和出口总额方面的净效应取决于我们比较的是哪一组进口竞争企业和进口依赖企业,但总体而言,这些效应往往是负面的。如果我们将进口竞争型企业的主要样本(具有4位数NACE的生产商)与进口依赖型企业的主要样本(直接进口商)进行比较,我们会发现负的净效应,即近12 000个就业岗位和约12亿欧元的出口额。如果我们将欧盟出口商样本与更广泛的非欧盟国家进口商样本进行比较,我们会发现,欧盟出口商因反倾销保护而创造的就业岗位被目标产品进口商损失的就业岗位以及约90亿欧元的出口净损失所抵消。我们的生产者样本占法国这些4位数行业就业总人数的62%,而我们的行业用户(NACE4位数)样本占法国这些4位数行业就业总人数的12%。通过跨部门和用户来分析,我们估计法国的进口竞争行业将增加近2 200个就业岗位,而在生产过程中依赖定向进口的行业将失去近83 000个就业岗位。对就业的净影响相当于法国制造业总就业人数的2.2%。在出口方面,我们估计法国进口竞争部门的收益约为120亿欧元,而使用目标中国产品的部门的损失约为540亿欧元。出口方面的净损失几乎占法国制造业出口总额的13%。如果我们将这些计算扩展到整个欧盟,并假设我们的样本中估计的反倾销税对欧盟类似进口竞争性行业和用户行业的影响是一个很好的近似值,我们会发现,反倾销政策在欧盟的进口竞争性行业创造了近 21 000 个就业岗位,增加了约 440 亿欧元的出口;而欧盟企业使用目标产品的部门则损失了约 688 000 个就业机会和 1 600 亿欧元的出口。就业和出口净损失分别占欧盟制造业总就业和总出口的 2.26% 和 13.27%。这些估计值,尤其是法国和欧盟层面的估计值,应被视为总体影响的粗略近似值,因为它们依赖于这样一个假设,即生产商和用户样本反映了法国和欧盟相同行业企业的行为。用户样本是与中国直接进口商同属 4 位数行业的企业样本。因此,样本不包括其他来源国的企业和与间接进口商同行业的企业。然而,如表 3-5 所示,我们在法国和欧盟层面计算的总体效应并没有反映出间接进口商,尤其是来自非欧盟来源国的间接进口商。

第四章 美国对中国反倾销的影响研究

本章研究了中国出口商如何应对美国的反倾销调查。研究发现,反倾销调查导致 HS-6 位数产品层面的总出口量大幅下降,而这种贸易抑制效应是由于出口商数量的大幅减少,但每个幸存出口商的出口量略有下降。我们还发现,出口商数量减少的主要是生产率较低的出口商、直接出口商(而非贸易中间商)以及单一产品直接出口商(而非多种产品直接出口商)。

一、美国反倾销调查的制度背景

在本节中,我们简要描述了美国反倾销调查的制度背景及其与我们的识别策略的相关性(Staiger 和 Wolak,1994)。在美国,有两个政府机构参与反倾销调查:商务部(DOC)和国际贸易委员会(ITC)。美国商务部决定被调查的进口产品是否以低于其"公允价值"的价格在美国销售,而国际贸易委员会负责确定进口产品是否对美国国内相关产业造成了实质性损害。这两个机构分别作出两项决定,即初裁和终裁。

一旦针对进口产品的反倾销申请提交并得到审议,国际贸易委员会首先会在 45 天内做出初步裁定。如果初步结果为否定,则调查终止。如果国际贸易委员会的初裁结果是肯定的,美国商务部将在未来 115 天内进行调查并做出初裁决定。无论美国商务部的初步裁定是肯定的还是否定的,调查过程都将继续。但是,如果美国商务部的初步裁定是肯定的,受影响进口产品的进口商必须缴纳现金保证金或保函,以支付美国商务部估计应缴纳的倾销税。

在美国商务部做出初裁决定后但在国际贸易委员会做出终裁决定前,反倾销调查可因申请人撤诉而终止,也可因受影响的外国出口商与商务部达成协议而暂停。如反倾销调查未被终止或暂停,则调查将进入下一阶段,商务部将在初裁后 75 天内做出终裁。如果美国商务部的最终裁定是否定的,则调查终止。否则,国际贸易委员会有 45 天(或 75 天)的时间进行第二轮调查并做出最终裁定,具体取决于美国商务部的初步裁定是肯定的(还是否定的)。一旦美国商务部和国际贸易委员会均做出肯定性终裁决定,商务部必须在 7 天内发布反倾销令,征收反倾销税。综上所述,反倾销调查有五个重要的时间点:立案、国际贸易委员会初裁、美国商务部初裁、美国商务部终裁和国际贸易委员会终裁。

二、评估策略

与大多数文献中使用的年度数据相比,我们的月度出口交易数据使我们能够调查出口商对反倾销调查过程的不同阶段是否有不同的反应。如前文所述,反倾销调查分为五个阶段:立案、国际贸易委员会初裁、美国商务部初裁、美国商务部终裁和国际贸易委员会终裁。鉴于美国商务部对大多数反倾销案件都做出肯定性裁定,我们将重点关注反倾销调查的剩余三个日期,即启动日、国际贸易委员会初裁日和国际贸易委员会终裁日。国际贸易委员会的肯定性终裁导致征收倾销税,从而增加了美国进口商相关出口产品的成本。国际贸易委员会的肯定的初步裁定,再加上(几乎可以肯定)商务部的初步裁定是肯定的,要求美国进口商支付一笔保证金作为预期倾销税的保证金。即使启动反倾销调查,也可能对美国进口商产生影响,因为这会给他们的业务带来不确定性。因此,我们预计出口商将逐步对反倾销调查的以下三个阶段做出负面反应:启动、国际贸易委员会初步裁定和国际贸易委员会最终裁定。此外,不同的出口商,包括生产率水平不同的出口商、贸易中间商与直接出口商、单一产品直接出口商与多产品直接出口商在反倾销调查过程的不同阶段可能会做出不同的反应。

为了确定反倾销调查可能产生的影响,我们在产品(定义为 HS-6 位数水平)和企业—产品层面都采用了 DID 估计策略。具体来说,我们利用了两种变化来源:时间变化(在反倾销调查过程中的关键日期之前和之后)和横截面变化(受影响的产品/企业,即处理组和未受影响的产品/企业,即对照组)。这种识别依赖于在反倾销调查过程的相关阶段之前和之后,对处理组和对照组的结果变量进行比较。

我们构建了两个可供选择的对照组。第一组包括受影响产品/企业所属的 HS-4 位数产品类别中所有未受影响的产品/企业(称为控制组1),第二个对照组是使用 Blonigen 和 Park(2004)采用的方法构建的匹配组(称为控制组 2)。具体来说,我们首先估计产品受到反倾销调查的概率(见附录 E 的 Logit 回归结果表 E1)。用于预测倾销调查概率的变量包括产品的进口价值、美国实际 GDP 增长率、汇率指数、该产品以前是否受到反倾销调查的虚拟变量,以及与 Blonigen 和 Park(2004)所用变量类似的 HS4 位数产品虚拟变量。匹配的对照组选取未受影响的产品,其预测概率至少等于处理组预测概率的第 75 百分位数(Konings 和 Vandenbussche,2008;Pierce,2011)。

产品层面的估计规范采用以下形式

$$y_{pt} = \beta_1 Treatment_p \times Post_{pt}^1 + \beta_2 Preliminary\ Duties_{pt} \times Post_{pt}^2 \\ + \beta_3 Final\ Duties_{pt} \times Post_{pt}^3 + \lambda_p + \lambda_t + \varepsilon_{pt} \quad (1)$$

其中,y_{pt} 为产品 p 在第 t 个月的结果变量(即出口量的对数、出口商数量的对数、出口价格的对数、对美国以外国家出口总量的对数);$Treatment_p$ 是虚拟变量,如果产品 p 属于处理组(即正在接受倾销调查),取值为 1,否则为 0;初裁税($Preliminary\ duties_{pt}$)和终裁税($Final\ duties_{pt}$)是分别对肯定的初步裁定和最终裁定征收的反倾销税;λ_p 是产品虚拟变量,包括所有不随时间变化的产品特征;λ_t 是月份虚拟变量,固定同月所有产品的共同影响;而 ε_{pt} 为误差项。与反倾销调查过程中的三个关注日期相对应的三个时间变量构造如下。

$$Post_{pt}^1 = \begin{cases} 1 & if\ t \in [t_{p0}, t_{p1}) \\ 0 & otherwise \end{cases}, \quad (2)$$

$$Post_{pt}^2 = \begin{cases} 1 & if\ t \in [t_{p1}, t_{p2}) \\ 0 & otherwise \end{cases}, \quad (3)$$

$$Post_{pt}^3 = \begin{cases} 1 & if\ t \geqslant t_{p2} \\ 0 & otherwise \end{cases}, \quad (4)$$

其中 t_{p0} 为产品 p 的启动日期(立案月份),这是国际贸易委员会对产品 p 初步裁定的日期。t_{p1} 是国际贸易委员会对产品 p 做出初步决定的日期;t_{p2} 是产品 p 的国际贸易委员会终裁日期。为了处理潜在的异方差和序列相关性,我们在产品层面对标准误差进行聚类(见 Bertrand 等,2004)。

企业-产品层面分析的估计规范与规范(1)相似,唯一的变化是将产品水平的结果变量 y_{pt} 和 $Final\ duties_{pt}$ 替换为企业-产品层面。

本研究中感兴趣的系数是 β_1、β_2 和 β_3。对 $\{\beta_1、\beta_2$ 和 $\beta_3\}$ 的一致估计取决于以下假设：处理组在反倾销调查前后误差项的差异与对照组的相应误差项相同，即

$$E[\Delta\varepsilon_{pt} \mid Treatment_p = 1] = E[\Delta\varepsilon_{pt} \mid Treatment_p = 0] \quad (5)$$

我们利用多时期、多组的面板数据，按照 Angrist 和 Pischke(2009) 和 Imbens 和 Wooldridge(2009) 的方法，进行了两次有效性检验：一是检验处理组和对照组在发起反倾销调查前的时间趋势是否存在差异，二是考虑 HS-6 位数产品的时间趋势是否存在差异。

三、数据来源与分析

本章节的研究利用了两个来源的数据。第一个是 2000—2006 年期间的中国海关数据，由清华大学中国数据中心慷慨提供。该数据集涵盖了每个中国出口商和进口商的月度进出口交易，具体包括产品信息（按中国 HS-8 位数分类）、贸易量、贸易额、中国出口商或进口商身份、出口目的地或进口国。由于我们的分析重点是美国对中国出口商提起的反倾销案，因此我们提取了中国出口商对美国的月度出口交易信息。第二个数据来源是世界银行的全球反倾销数据库(GAD)，涵盖了 1980 年至 2010 年全球所有的反倾销案件(Bown, 2010)。全球反倾销数据库包含每起反倾销案件的详细信息，如产品信息（按美国 HS-10 位数分类）、发起日期、初裁日期和关税，以及终裁日期和关税。在我们的分析中，我们收集了样本期内（即 2000—2006 年）所有美国针对中国的反倾销案件的信息。

我们将两个数据集（即中国海关数据和 GAD 数据）在 HS-6 位数上进行匹配，这是两个数据集具有可比性的最细分级别。通过这样做，我们基本上将中国海关数据中的出口信息从中国的 HS-8 位汇总到 HS-6 位数级别，并将美国（针对中国的）反倾销案件从美国的 HS-10 位数级别汇总到 HS-6 位数级别。

在 2000 年至 2006 年期间，美国针对中国出口商的反倾销案有 47 起。其中两起案件（一起发生在 2000 年初，另一起发生在 2006 年末）被剔除，因为反倾销前后的时间不够长，我们无法进行 DID 估计。另外三个案例也被剔除，因为它们与先前针对同一 HS-6 产品类别的反倾销案件重叠（另见 Konings 和 Vandenbussche, 2008）。在剩余的 42 起案件

中，有28起案件最终获得了国际贸易委员会的肯定性终裁（被称为成功案件）；在获得国际贸易委员会肯定性初裁的6起案件中，有5起案件获得了国际贸易委员会的否定性终裁（被称为失败案件），1起案件在国际贸易委员会终裁前被撤销（被称为撤销案件）；最后，有8起案件要么在国际贸易委员会初裁前被撤销，要么获得了国际贸易委员会否定性初裁（被称为终止案件）。由于我们的分析着眼于反倾销调查的三个不同阶段，即启动、ITC初裁和ITC终裁的影响，因此我们在分析中重点关注28个成功案例的样本。为了进行稳健性检查，我们纳入了不成功和撤回的案例，并发现我们的结果具有稳健性。附录E的表E2列出了2000—2006年期间美国对中国出口商进行反倾销调查的所有案件清单。

在28起成功的反倾销案件中，反倾销税的平均值为157%。然而，不同产品类别和同一产品类别内的不同公司之间存在很大差异。具体而言，不同产品的反倾销关税中位数为134%，而第10和第90百分位的中值分别为44%和306%。在相同的产品类别中，应诉者面临的反倾销税远远低于未应诉者（即低64%）。

2000年至2006年的匹配面板数据包含16 302个产品层面的月度观测值和800 079个企业-产品层面的月度观测值。在匹配数据中包含的346个HS-6位数产品类别中，81个产品类别成功被征收反倾销税。然而，由于反倾销调查是在美国HS-10位数水平（类似于中国HS-8位数水平）上进行的，人们可能会担心潜在的汇总偏差，即在HS-10位数水平上进行的某些调整可能不会在HS-6位数水平上被发现。为了消除这种潜在的担忧，我们进行了稳健性检验，研究HS-6位数产品与不同数量的HS-10位数产品是否存在不同的反应。前提是，对于拥有较多HS-10位数产品的HS-6位数产品而言，HS-10位数层面的调整应相对更容易。因此，发现不显著的差异反应表明，在我们的设置中，汇总偏差不是一个严重的问题。

本文的重点之一是根据有关企业异质性和贸易的文献，研究反倾销调查可能存在的异质性反应。我们首先沿用Ahn等人（2011）利用相同数据开发的方法，将样本中的企业分为贸易中间商（贸易中介）和直接出口商。具体而言，贸易中间商是指企业名称中包含进出口、出口商和/或贸易等汉字。这种识别方法的有效性来自中国计划体制的遗留问题和1978年后采取的改革战略。具体而言，为了使中国国内市场免受国际竞争的影响，中国中央政府在改革前（即1949—1978年）只授权12家国有企业从事进出口业务。上述汉字是为了便于识别和监管。自1978年以来,中国采取了渐进式的经济自由化方针,越来越多的企业获准开展对外贸易。然而,在改革开放后的时代,贸易公司使用自我披露名称的传统仍在继续。Ahn等人(2011)发现,通过这种方法被认定为贸易中介的企业在贸易量、产品类别和出口目的地方面确实与直接出口企业有很大不同。

此外,我们将直接出口商的样本分为两类:单一产品出口商和多产品出口商。具体而言,如果出口商在反倾销调查开始前仅向美国出口一种HS-6位数的产品,则被确定为单一产品出口商(称为向美国出口单一产品出口商)。然而,有一种潜在的担忧是,其中一些单一产品出口商可能会向美国以外的国家出口其他产品。为了缓解这种担忧,我们通过排除那些向美国以外的国家出口其他产品的公司来进行稳健性检查(由此产生的向美国出口单一产品的出口商子集被称为向美国和全球出口单一产品的出口商)。

对于在我们的样本期内受到反倾销调查的产品,在反倾销调查启动之前有9 356家出口商。在这些企业中,3 465家是贸易中介机构。在剩下的5 891家直接出口商中,627家是对美国的单一产品直接出口商,265家是对美国和全球的单一产品直接出口商。

由于月度数据噪声较大,我们使用季度数据而不是月度数据进行稳健性检验。同时,为了进一步减轻异常值干扰,我们排除相应结果变量的顶部和底部1%的观测值来进行检验。此外,其他国家可能在同一时期对美国调查的相同产品进行反倾销调查,这可能会混淆我们的结果。为了减轻这种担忧,我们排除了在其他国家也被调查的倾销案件(总共4起)来进行检验。最后,由于一些中国出口商与美国公司进行加工贸易,而且很大一部分中国出口商是在中国经营的外资企业,因此我们通过将加工贸易排除在样本之外,并关注中国本土出口商的子样本,来进行稳健性检验。

四、实证检验结果分析

本部分首先在(一)～(五)中提供了关于出口商如何应对反倾销调查的五个基准结果。然后,我们在(六)中对DID估计的有效性和其他计量经济学问题进行了一系列稳健性检查。

（一）产品数量反应

我们首先考察反倾销调查在产品层面可能产生的贸易抑制效应。在给出关于公式(1)的回归结果之前，我们在图4-1中绘制了处理组和对照组在反倾销调查前后的出口量的时间趋势。图4-1a显示的是使用对照组1得出的结果，图4-1b显示的是使用对照组2得出的结果。每幅图由左至右包含三条垂直虚线，分别表示反倾销调查启动日期、美国国际贸易委员会初步裁定日期和美国国际贸易委员会最终裁定日期。从这些图中可以看出一些结果：首先，在反倾销调查开始之前，处理组和对照组的出口量都明显呈上升趋势，这与近几十年来中国对美出口增长的总体趋势是一致的。其次，更重要的是，在反倾销调查开始之前，处理组和对照组没有表现出任何不同的时间趋势，这减轻了我们对DID估计有效性的担忧。第三，反倾销调查对处理组的出口量有明显的抑制作用，这与相关文献（如Prusa，2001；Vandenbussche和Zanardi，2010；Egger和Nelson，2011）一致。第四，关于反倾销调查的三个不同阶段，我们观察到美国国际贸易委员会的肯定性初裁和肯定性终裁都产生了显著影响，但调查的启动没有产生显著影响。值得注意的一点是，出口量的下降并不是在肯定性裁定后立即发生的。一个可能的原因是，尽管做出了肯定性裁定，但美国进口商与中国出口商之间的一些现有合同仍需履行。

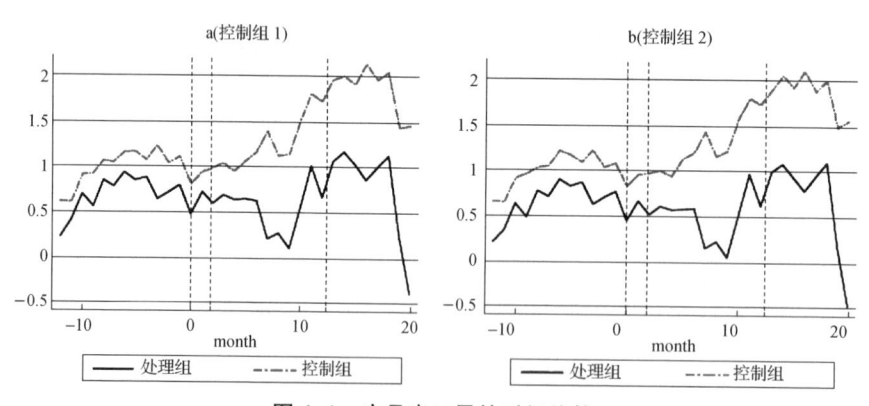

图4-1 产品出口量的时间趋势

分别使用了对照组1和对照组2，公式(1)相对应的回归结果报告于表4-1的第1列和第2列。我们发现，无论是初步关税还是最终关税都对产品层面的出口量产生了显著的负向影响。就幅度而言，初步（最终）关税每增加一个标准差，就会导致从国际贸易委员会初步裁定到最终裁定期间(从国际贸易委员会最终裁定之日到我们的样本期结束)的出口量减少约23%(25%)。

表 4-1　　　　　　　　反倾销调查对产品出口量的影响

	(1)	(2)
因变量	出口量对数	
控制组	1	2
启动(β_1)	−0.004	−0.021
	(0.158)	(0.158)
初步关税(β_2)	−0.002 7**	−0.002 8**
	(0.000 7)	(0.000 7)
最终关税(β_3)	−0.006 0**	−0.006 1**
	(0.001 3)	(0.001 3)
月份固定效应	Yes	Yes
产品固定效应	Yes	Yes
观测量	16 294	14 993
R方	0.76	0.762

注：括号内为按产品水平聚类的标准误差。此处 ** 代表在1%水平上的统计显著性。

(二) 广度边际与集约边际

我们已经证明了反倾销调查对出口量的实质性抑制作用，接下来我们将通过调查其潜在机制来剖析这种影响。具体来说，我们考察了反倾销调查对出口到美国的出口商数量(广泛边际效应)和幸存出口商的平均出口量(密集边际效应)的影响。

图 4-2 显示了在反倾销调查前后，处理组和控制组的出口商数量的时间趋势。很明显，反倾销调查导致出口企业数量显著减少。具体地说，从反倾销调查开始到美国国际贸易委员会做出初裁之间，出口商的数量几乎没有任何变化。然而，在美国国际贸易委员会做出肯定性初裁后，出口商数量急剧下降，随后在美国国际贸易委员会做出肯定性终裁后，出口商数量再次大幅下降。

图 4-3 显示了反倾销调查前后幸存出口商及其对照组出口量的时间趋势。在国际贸易委员会做出肯定的反倾销决定后，幸存出口商的出口量与对照组相比略有下降。

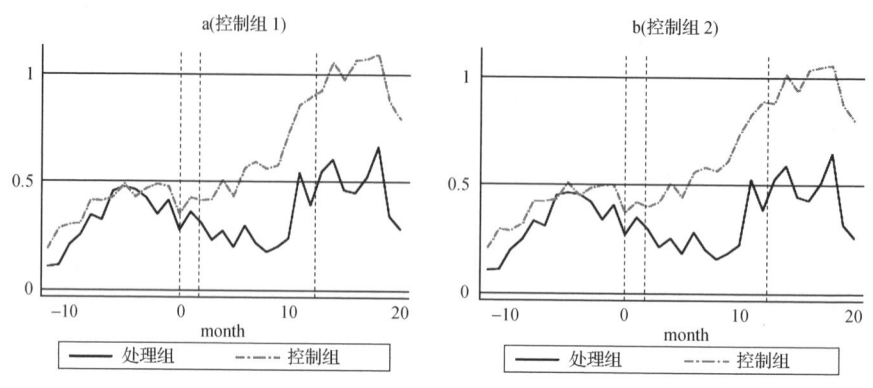

图 4-2 出口商数量的时间趋势

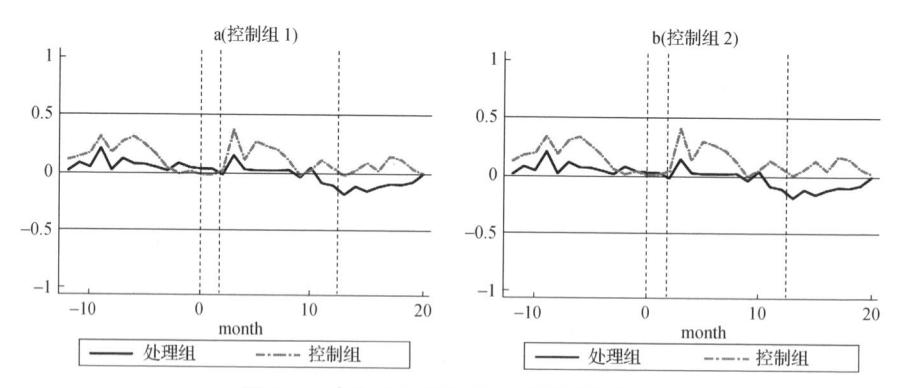

图 4-3 幸存出口商的出口量的时间趋势

表 4-2 第 1—2 列报告了反倾销调查的广泛边际效应的回归结果。我们发现，β_2 和 β_3 均为负值，且在 1% 的水平上具有统计意义。这些结果与 4-2 所示的结果一致，表明反倾销调查具有很强的广阔边际效应。就经济规模而言，在国际贸易委员会初裁和终裁之间的这段时间内，初裁税率每增加一个标准差，出口商数量就会减少约 10%。同样，从国际贸易委员会最终裁定到样本期结束，最终关税增加一个标准差会导致出口商数量减少约 7%。

在表 4-2 的第 3—4 列中，我们报告了反倾销调查的密集边际效应的回归结果。反倾销税（即 β_2 和 β_3）对每个出口商的出口量有负向影响，且在统计上显著。这些结果与图 4-3 中的结论一致。就经济规模而言，在国际贸易委员会初裁和终裁之间的时期内（从国际贸易委员会终裁到样本期结束),初裁(终裁)关税每增加一个标准差,就会导致每个出口商的出口量减少约 7%(7%)。

表 4-2　　　　　　反倾销调查对广泛边际与密集边际的影响

模型设定	(1)	(2)	(3)	(4)
	广延边际		集约边际	
因变量	出口商数量对数		出口量对数	
样本	全样本		幸存企业	
控制组	1	2	1	2
启动(β_1)	−0.016	−0.021	−0.012	0.004
	(0.037)	(0.037)	(0.040)	(0.047)
初步关税(β_2)	−0.0012**	−0.0012**	−0.0008**	−0.0008**
	(0.0003)	(0.0003)	(0.0002)	(0.0002)
最终关税(β_3)	−0.0022**	−0.0022**	−0.0015**	−0.0016**
	(0.0005)	(0.0005)	(0.0003)	(0.0003)
月份固定效应	Yes	Yes	Yes	Yes
产品固定效应	Yes	Yes	Yes	Yes
观测量	16 302	14 997	547 007	538 113
R 方	0.932	0.936	0.227	0.227

注：括号内为按产品水平聚类的标准误差,此处 ** 表示在 1% 水平上的统计显著。

（三）异质性反应

在上一节中,我们证明了面对美国国际贸易委员会肯定性初裁和肯定性终裁,出口商数量的急剧下降。我们感兴趣的是,面对反倾销调查过程中的这两个重要日期,什么样的出口商更有可能退出出口市场。贸易文献的最新发展集中于企业异质性,特别是企业生产率如何影响出口行为。因此,我们首先研究生产率较高的出口商在反倾销肯定性裁定后退出市场的可能性是否较小。与此同时,近期的国际贸易研究已超越了企业生产率的范畴,而是关注不同类型的出口商,即贸易中间商与直接出口商、单一产品直接出口商与多种产品直接出口商。根据这些文献的思路,我们还研究了上述不同类型的出口商在退出市场行为方面可能存在的差异。

1. 企业生产率

遗憾的是,由于数据的限制,我们无法从中国海关数据中获得直接衡量企业生产率的信息。相反,我们使用出口量来替代企业生产率。事实上,通过将中国海关数据与中国制造业企业的年度调查(涵盖了中国海关数据中25.6%的观察结果)合并,我们发现出口量与企业生产率之间存在显著的正相关关系(估计系数为0.02,P值为0.08)。如果出口商(即在反倾销调查之前出口过受影响的HS-6位数产品的任何企业)在美国国际贸易委员会做出肯定性终裁后停止出口受影响的产品,则被归类为退出美国市场(表示为退出)。这种退出行为可能在反倾销调查启动后立即开始,也可能在美国国际贸易委员会初裁和终裁之间或美国国际贸易委员会终裁之后开始。回归规范如下:

$$Exit_{fp} = \gamma \cdot Export\ Volume_{fp} + \lambda_p + \varepsilon_{fp} \qquad (6)$$

其中,加入产品虚拟变量λ_p使我们能够比较狭义产品类别(即HS-6位产品级别)出口商的退出可能性。模型(6)采用Probit模型进行估计。如表4-3第1列所示,在所有出口商中,出口量较大的出口商退出的可能性较小。这一点在直接出口商子样本中也是如此(即表4-4第1列)。此外,当我们对不同类型的出口商(表4-3第2列中的贸易中介与直接出口商,以及表4-4第2列中的单一产品与多产品直接出口商)进行控制时,企业生产率对退出可能性的负面影响依然存在。

回顾一下,应诉者面临的反倾销税低于非应诉者。此外,我们发现出口量较大的企业更有可能对美国的反倾销调查做出回应(估计系数为0.007,t统计量为3.69)。这可能是由于规模较大的企业更有动力留下来,它们对反倾销调查的反应也更积极,从而享受较低的反倾销税,退出的可能性也更小。为了控制这一潜在的渠道,我们在表4-3和表4-4的第3列中加入了特定企业的关税。显然,在这种额外控制下,企业生产率对存活率的负面影响依旧稳健,这表明我们的研究结果并非主要由反倾销关税的差异造成。

我们的结果表明,生产率较高的出口商更有可能在反倾销调查带来的负面冲击中存活下来,这可以用企业异质性文献来解释。具体来说,在每期出口成本固定的情况下,Melitz(2003)模型显示,当面临反倾销调查带来的负面冲击时,出口商的收入会下降。生产率较低的出口商无法收回每期固定出口成本,因此被迫退出美国市场。在没有固定出口成本的情况下，Melitz 和 Ottaviano(2008)的模型表明，负面冲击会导致出口商的利润率下降，导致生产率较低的出口商蒙受损失，从而退出美国市场。

2. 贸易中介与直接出口商

表 4-3 还报告了关于贸易中间商与直接出口商退出美国市场的不同可能性的回归结果。其中感兴趣的变量为贸易中介机构，如果出口商是贸易中介机构，则取 1，否则取 0。如表 4-3 的第 2 列和第 3 列所示，贸易中介机构的估计系数为负且统计上显著，这表明贸易中介机构比直接出口商更不可能退出受影响产品的美国市场。这些结果对于企业生产率的控制（以出口量为代表）和企业特定的最终反倾销税的控制是稳健的。

表 4-3　反倾销调查对贸易中间商与直接出口商退出市场可能性的影响

因变量	1	2	3
	Exit		
出口量对数	−0.033**	−0.033**	−0.032**
	(0.005)	(0.005)	(0.005)
贸易中介机构		−0.175**	−0.130**
		(0.020)	(0.024)
最终关税			0.001
			(0.001)
产品固定效应	Yes	Yes	Yes
观测量	16 580	16 580	11 544
伪 R 方	0.027	0.030	0.028

注：括号内为按产品水平聚类的标准误差。此处 ** 代表在 1% 水平上的统计显著性。

我们的研究结果表明，贸易中介机构和直接出口商在出口行为上存在很大差异。我们没有武断地选择理论来解释它们之间的差异，而是努力根据数据中观察到的贸易中间商和直接出口商之间的差异来提供解释。具体来说，贸易中间商比直接出口商更注重多市场和多产品。平均而言（在所有受影响产品中），91% 的贸易中间商销售受影响产品以外的产品，而直接出口商的相应比例为 81%。同时，68% 的贸易中间商向美国以外的国家销售受影响产品，而直接出口商的相应比例为

64%。与直接出口商相比,贸易中间商的多市场和多产品性质使其更有能力利用其在其他产品和其他市场的储备,从而对其在美国的受影响产品进行交叉补贴,这有助于它们经受住反倾销调查带来的风暴。

3. 单一产品直接出口商与多种产品直接出口商

在表4-4中,我们考察了单一产品直接出口商和多产品直接出口商受影响产品退出美国市场的相对可能性,其中关键的回归因子是单一产品,如果直接出口商是单一产品直接出口商,其值为1,否则为0。

如表4-4的第2列和第3列所示,单一产品的估计系数为正且统计显著,表明单一产品直接出口商比多产品直接出口商更有可能因受影响的产品而退出美国市场。与单一产品直接出口商相比,多产品直接出口商对受影响产品进行交叉补贴的能力更强,这与我们前面提到的贸易中间商和直接出口商退出市场的可能性不同的解释是一致的。同时,我们发现多产品直接出口商在应对美国国际贸易委员会的肯定性初步裁定时退出的可能性较高,但单一产品直接出口商在应对美国国际贸易委员会的肯定性最终裁定时存在的可能性较高。在反倾销调查的不同阶段,单一产品和多种产品直接出口商的退出行为截然不同,一个可能的解释是在国际贸易委员会初裁结果为肯定的情况下,国际贸易委员会终裁结果的不确定性(例如,在我们的样本中,18%的国际贸易委员会初裁结果为肯定,国际贸易委员会终裁结果为否定)导致出口商的退出行为各不相同。具体而言,最弱的出口商在收到国际贸易委员会的肯定性初步裁定后立即退出,而最强的出口商在整个反倾销调查过程中,甚至在国际贸易委员会做出肯定性最终裁定后仍留下来。有趣的是,处于中间位置的企业在国际贸易委员会做出肯定的初步裁定后选择留下来,但在国际贸易委员会做出肯定的最终裁定后决定退出。综合来看,这意味着单产品直接出口商相对更集中在出口量的中间区间,而多产品直接出口商则分散在出口量的最低和最高区间;也就是说,多产品直接出口企业比单产品直接出口企业更具异质性。事实上,我们发现单产品直接出口商的平均变异系数为0.23,而多产品直接出口商的平均变异系数是0.32。直观地说,出口量最高的多产品直接出口商可能代表了以生产受影响产品为核心产品,同时销售其他周边产品的出口商,而出口量最低的出口商则恰恰相反。

表 4-4　反倾销调查对单一产品直接出口商与多种产品直接出口商退出可能性的影响

因变量	1	2	3
	退出		
出口量对数	−0.050**	−0.061**	−0.057**
	(0.006)	(0.006)	(0.005)
单一产品企业商		−0.184**	−0.163*
		(0.075)	(0.091)
最终关税			0.003**
			(0.001)
产品固定效应	Yes	Yes	Yes
观测量	9 035	9 035	4 246
伪 R 方	0.034	0.056	0.077

注：括号内为产品层面的标准误差，此处 * 和 ** 分别代表 5% 和 1% 水平的统计显著性。

（四）价格的反应

我们现在分析反倾销调查可能产生的价格反应，即对幸存出口商平均离岸价的影响。图 4-4 显示了在反倾销调查前后，幸存出口商及其对照组受影响产品出口价格的时间趋势。我们发现，在反倾销调查前后，处理组和对照组之间的出口价格时间趋势没有实质性差异。表 4-5 第 1—2 列报告了反倾销调查对幸存出口商出口价格影响的回归结果。我们发现，在征收初步反倾销税时，幸存出口商的价格有显著的统计增长，尽管幅度较小（约 2%），而在征收最终反倾销税后，价格没有进一步增长。

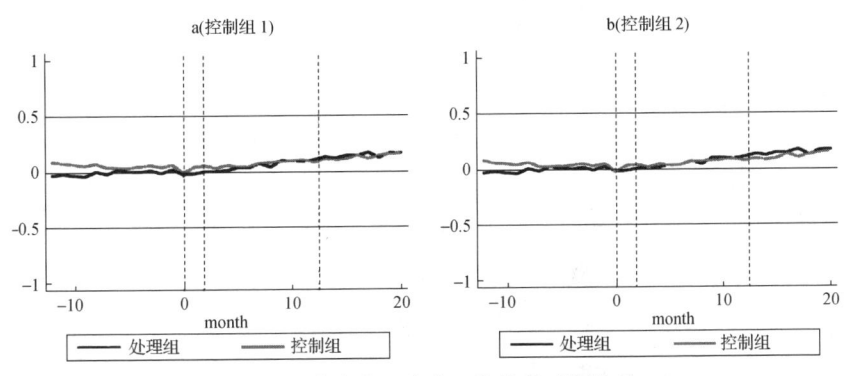

图 4-4　幸存出口商出口价格的时间趋势

表 4-5　　　　　　　　反倾销调查对出口价格的影响

模型设定	(1)	(2)
	幸存企业	
因变量	出口价格对数	
控制组	1	2
启动(β_1)	−0.024	−0.024
	(0.016)	(0.016)
初步关税(β_2)	0.000 2*	0.000 2*
	(0.000 1)	(0.000 1)
最终关税(β_3)	0.000 2	0.000 2
	(0.000 1)	(0.000 1)
月份固定效应	Yes	Yes
产品固定效应	Yes	Yes
观测量	547 007	538 113
R方	0.612	0.613

注：括号内为产品层面的标准误差。此处 * 和 ** 分别代表 5% 和 1% 水平的统计显著性。

（五）贸易偏转反应

在本节中，我们将考察中国出口商是否通过将出口转移到美国以外的国家来应对美国的反倾销调查，即贸易偏转反应（Bown 和 Crowley，2007）。

图 4-5 显示了受影响的 HS-6 位数产品及其对照组在反倾销调查前后向其他国家出口总量的时间趋势。无论是在反倾销调查之前还是之后，处理组和对照组之间对其他国家的出口总量都没有明显的时间趋势差异。表 4-6 中的回归结果证实了图 4-5 中的结论。我们调查了可能向加拿大或经合组织国家（可能与美国有类似的经济结构）以及不同类型的中国出口商（即贸易中间商、单一产品直接出口商和多产品直接出口商）的贸易偏移。这些研究都没有发现反倾销调查对贸易偏转的显著影响。贸易偏离现象持续缺乏的一个可能解释是，出口的固定成本是针对具体国家的（Chaney，2008；Arkolakis，2010），因此进入每个外国市场的决定是独立的。事实上，我们在数据中发现，中国对美国的出口在美国市场占比很大，即这些出口商的全球出口收入中约 63% 来自美国市场。

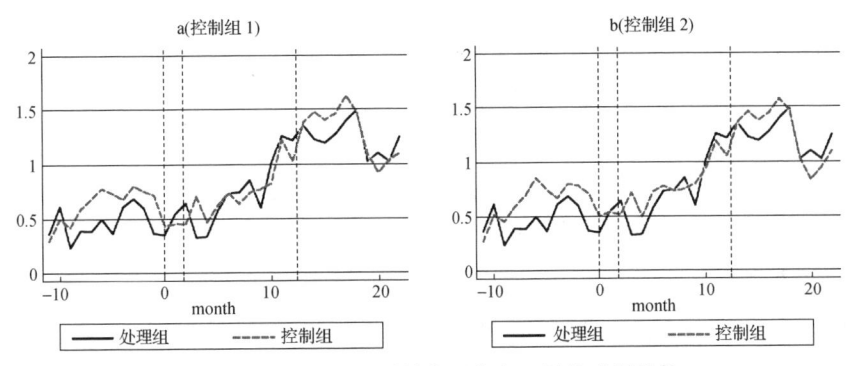

图 4-5　产品层面，对其他国家出口量的时间趋势

表 4-6　　　　　　　　反倾销调查对贸易偏转的影响

因变量	1	2
	出口量对数	
控制组	1	2
启动(β_1)	−0.173	−0.211
	(0.128)	(0.132)
初步关税(β_2)	0.000 3	0.000 4
	(0.000 7)	(0.000 7)
最终关税(β_3)	−0.000 7	−0.000 5
	(0.001)	(0.001)
月份固定效应	Yes	Yes
产品固定效应	Yes	Yes
观测量	12 484	11 561
R方	0.85	0.857

注：括号内为产品层面的标准误差。

（六）稳健性检验

在本节中，我们对上述所有 DID 估计结果（即数量反应、广义边际和密集边际效应、异质性反应、价格反应和贸易偏转反应）进行了一系列稳健性检查。首先，我们的 DID 估计的有效性取决于这样一个假设，即处理和对照组在政策发生前是可比的。为了具体检验处理组和对照组在反倾销调查启动前的时间趋势是否存在差异，我们通过加入额外的回归因子 $Treatment_p \times Pre_{pt}$ 进行稳健性检验，如果 $t \in [t_{p0} - 12, t_{p0})$，则

$Pre_{pt}=1$，否则为 0。估计结果见附录 E 的表 E3。显然，在反倾销调查开始之前，没有证据表明处理组和对照组之间存在任何不同的时间趋势，从而支持了我们的 DID 估计的有效性。本书关于反倾销调查影响的主要发现也仍然是可靠的。

其次，我们可能会担心处理组和对照组的产品可能会遵循不同的时间趋势。为了解决这个问题，我们在估计中考虑了产品特定的时间趋势，即加入额外的控制项 $\lambda_{p \times t}$。估计结果见附录 E 的表 E4。我们关于反倾销调查影响的主要结论在纳入产品特定的时间趋势后仍然是稳健的，这再次表明我们的 DID 估计是有效的。

第三，由于并非所有出口商每个月都向美国出口，因此我们的月度数据可能存在噪声，为了消除这种担忧，我们使用季度数据而不是月度数据（即把月度出口交易汇总到季度水平）进行了稳健性检验。回归结果见附录 E 的表 E5。除了前面报告的反倾销调查在统计上的显著影响外，国际贸易委员会的终裁对幸存出口商的出口量也有负面的显著影响（在 5% 的水平上）（即提供了支持密集边际效应的有限证据）。此外，季度数据样本的影响幅度要大得多。

第四，为了进一步解决我们的结果可能会受到一些离群观测值影响的问题，我们重点研究了一个子样本，该样本剔除了相应结果变量顶部和底部 1% 的观测值。附录 E 的表 E6 中的回归结果显示了我们之前研究结果的稳健性，并提供了支持密集边际效应的有限证据。

第五，在(一)~(五)中，我们只包括成功的反倾销案例（即在 42 起反倾销案例中，有 28 起案例的国际贸易委员会初裁和终裁都是肯定的），部分原因是我们试图研究国际贸易委员会初裁和终裁的不同效应。

为了检查我们的主要结果是否对反倾销案件的选择敏感，我们通过纳入五个不成功案例和一个撤回案例进行了稳健性检验。回归结果报告在附录 E 的表 E7 中。我们关于反倾销调查影响的主要结果在质量上与之前报告的结果相同。

第六，其他国家可能对与美国同期审查的相同产品进行反倾销调查，从而混淆了美国反倾销调查对中国出口商的影响，并使我们对调查结果的解释复杂化。为了解决这一问题，我们通过排除此类重叠的反倾销案件（即 4 起案件）来进行稳健性检查。回归结果报告在附录 E 的表 E8 中，我们的主要发现对该子样本保持稳健。

第七，由于一些中国出口商与美国公司进行加工贸易，因此可能会有人担心反倾销调查对中国加工贸易商与普通贸易商的影响是否不同,这将使我们的结论复杂化。为了减少这种担忧,我们进行了稳健性检验,将加工贸易商排除在样本之外,发现我们的结果仍然稳健(见附录 E 的表 E9)。此外,由于相当一部分中国出口商是在中国经营的外资企业而非本土企业,人们可能会问,外资出口商的反应是否与中国本土出口商的反应不同。为了研究这种可能性,我们使用中国本土出口企业的子样本进行了稳健性检验,结果同样保持稳健(见附录 E 的表 E10)。

第八,为了解决潜在的汇总偏差问题,我们在每个 HS-6 位数产品中加入了关键解释变量与 HS-10 位数产品数量之间的交互项,以此进行稳健性检验。回归结果见附录 E 的表 E11。结果发现,这些交互项都不具有统计意义。同时,纳入这些交互项后,我们的主要结论仍然是稳健的。这些结果表明,我们的研究结果没有受到潜在汇总偏差的影响。

第九,另一个潜在的担忧是,反倾销调查的时机可能与贸易环境的其他冲击同时发生,从而混淆了反倾销调查的效果。为了减轻这种担忧,我们考虑了在我们的样本期间发生的两个重要的贸易冲击。第一个冲击是美国政府对中国出口产品进行的保障措施调查。在样本期间(即 2000—2006 年),针对中国出口的保障措施调查有 5 起,但只有两起涉及我们的处理组或对照组中的产品,这两起调查的最终裁定都是负面的。尽管如此,为了分离反倾销调查的影响,我们在表 E12 中控制了一个表示保障措施调查时期的虚拟变量。第二个冲击是 2001 年底中国加入世贸组织,这导致中国进口关税降低,国内市场竞争更加激烈,可能影响了中国企业的出口行为。如果中国逐步降低关税的时间与美国反倾销调查的时间相吻合,就会加剧反倾销调查的影响。为了应对加入 WTO 可能带来的影响,我们在表 E13 中增加了对中国进口关税的控制。我们关于反倾销调查影响的主要结论在控制了这两个重要的贸易冲击后仍然是稳健的。

第十,上述分析得出了反倾销调查的平均效应。为了探索不同产品之间的潜在异质性效应,我们考虑了产品之间的一个关键差异,即进口替代弹性。具体来说,我们将相关回归因子与 HS-6 位产品层面的替代弹性进行交互(数据来自 Broda 和 Weinstein,2006;Nizovtsev 和 Skiba,2016)。表 E14 中报告的估计结果显示,反倾销调查对具有不同进口替代弹性的产品的影响几乎没有差别,这可能是因为中国出口产品的进口替代弹性变化有限。

第十一,在调查单一产品和多种产品直接出口商之间不同的退出可能性时，我们将前者定义为只向美国市场销售相关产品的直接出口商。然而，这些单一产品直接出口商可能向美国以外的国家销售其他产品，换句话说，这些单一产品直接出口商可以说是广义上的多产品直接出口商。为了更好地界定单一产品直接出口商和多产品直接出口商之间的区别，我们对前者采用了更严格的定义，将样本限制在对美国和全球只出口单一产品的出口商，以此进行了稳健性检验。回归结果见附录 E 的表 E15。显然，结果与表 4-4 类似。

第五章　反倾销对多产品出口商影响的进一步分析

在第四章中,本书初步分析了不同类型企业在面对反倾销调查时的异质性反应,考察了单一产品直接出口商和多产品直接出口商退出美国市场的相对可能性。本章进一步聚焦多产品出口商,利用2000—2006年中国海关企业出口数据,实证研究中国多产品出口商如何调整产品范围和产品结构以应对美国反倾销。估计结果表明,经反倾销的幸存出口商将缩小出口产品范围,集中于更少、更成功的产品,但总体出口价值没有变化。具体来说,其放弃了许多原有的外围出口产品,同时将更接近其主要行业的新产品引入美国市场。分析还发现,反倾销后,幸存出口商增加了出口产品组合的复杂程度,出口更多的上游产品。

一、数据来源及描述性统计

我们的研究使用了两个数据集。一是2000—2006年中国海关数据。该数据集包含在此期间每个出口商的每笔交易的信息,如出口产品种类(按中国HS-8位数分类)、出口量、出口价值、出口目的地和出口商编码。由于我们的分析侧重于美国对中国出口商采取的反倾销措施,我们提取了中国出口商对美国的出口交易信息。根据过去的研究,我们知道,在反倾销调查后,一些出口商退出美国市场,但其他一些出口商进入美国市场。在本研究中,由于我们主要关注反倾销措施对多产品企业出口产品范围的影响,我们排除了退出的企业和新进入的企业,也排除了贸易中介和单一产品出口商。由于大多数企业并不是每个月都出口所有种类的产品,我们将月度数据汇总到年度数据中,以尽量减少月度贸易信息带来的偏误。

我们使用的另一个数据集是GAD,来源于世界银行,涵盖了1980年至2010年期间的所有美国反倾销案件(Bown,2010)。GAD拥有每个反倾销案件的详细信息,如反倾销产品(美国 HS-10)和最终反倾销裁定日期。为了进行这项研究,我们只选取了 2000—2006 年期间美国对中国的反倾销案例。总共有 47 个这样的案例。两个案例被放弃,因为反倾销前后的时间不够长,我们无法进行 DID 评估。另外三起案件也被撤销,因为它们与早先在相同 HS-6 产品类别中的反倾销案件重叠(另见 Konings 和 Vandenbussche,2008)。其余 42 起案件中的 28 起最终得到美国国际贸易委员会(ITC)的肯定性裁定(称为胜诉案件);在 6 起 ITC 初步裁定为肯定的案件中,有 5 起收到了 ITC 否定的最终裁定(称为败诉案件);1 起案件在 ITC 最终裁定前被撤回(称为撤回案件)。最后,有 8 起案件在国际贸易委员会做出初步裁定之前被撤回,或被国际贸易委员会做出否定的初步裁定(称为终止案件)。由于我们的分析着眼于反倾销调查三个阶段(即发起、初步 ITC 裁定和最终 ITC 裁定)的影响,我们在主要分析中侧重于 28 个胜诉案件的样本。

我们在 HS-6 数字级别合并了这两个数据集,这是各国分类中最常见的细分级别。

本章的重点是研究反倾销对中国企业出口产品范围的影响。对于在我们的样本期内遭受反倾销的公司,在反倾销调查之前有 9 356 家出口商。在这些公司中,有 3 465 家是贸易中介机构。在剩下的 5 891 家直接出口商中,有 1 103 家因受影响产品退出了美国市场。因此,在本研究中,我们主要关注 4 688 家幸存的多产品直接出口商(处理组)的出口产品范围和产品结构的调整。

在表 5-1 中,我们提供了处理组(遭遇反倾销的公司)和对照组(没有遭遇反倾销的公司)的统计数据。我们的研究中使用的处理组和对照组因变量的平均值和标准差分别显示在第 1 列和第 2 列中。第 3 列提供了实验组和对照组之间的差异的 t 统计量。平均而言,处理组的企业出口额较低,出口的产品数量较少。[①] 按反倾销前后时期和具体类别分组的描述性统计见附录 F 的表 F1.A—1.D。

---

① 对于已有的产品,这个结果是相似的。我们发现,平均而言,处理组中的公司具有较低的产品复杂度和上游水平。

表 5-1　　　　　　　　　　　　　描述性统计

	（1）处理组 均值	（2）对照组 均值	（3）T 检验
所有其他产品			
所有其他产品的出口值	12.316 (3.986)	12.794 (2.378)	−12.871***
所有其他产品的数量	1.951 (1.144)	1.667 (0.783)	25.885***
熵	1.050 (0.905)	0.731 (0.687)	35.819***
所有其他产品的价值加权复杂度	7.744 (1.344)	8.293 (1.157)	−39.949***
所有其他产品的价值加权上游度	0.374 (0.357)	0.478 (2.307)	−27.116***
所有原有产品			
所有原有产品的出口值	11.868 (4.511)	12.698 (2.307)	−17.440***
所有原有产品的数量	1.644 (1.072)	1.244 (0.547)	35.314***

注：All products Export value 均指所有其他产品的出口值（反倾销涉及的产品除外）；All products number of products 是指所有其他产品的数量，按 HS-6 位数计算；熵（Entropy）是 Baldwin 和 Gu（2009）使用的所有其他产品的企业多样化指数的一种度量，它捕捉了一个企业的出口产品向其最大而不是最小出口产品倾斜的程度（Bernard 等，2011）。复杂度指数来自 Jarreau 和 Poncet（2012），这里的加权复杂度（Weighted sophistication）是所有其他产品的价值加权复杂度。上游度数据来自 Antràs 等（2012），这里的加权上游度（Weighted upstreamness）是所有其他产品的价值加权上游。Pre-existing products Export value 是指所有原有产品的出口值（反倾销产品除外）。Pre-existing number of products 是指所有原有产品（反倾销产品除外）的数量，HS-6 层面计算。标准误在括号中报告。*** 代表 1% 水平的统计显著性。

二、识别策略

（一）识别模型

为了识别反倾销措施可能产生的影响，我们主要采用 DID 模型识别。具体来说，我们利用了两个变量来源：时间变量（第一个差异：反倾销调查最终决定日期之前和之后）和横截面变量（第二个差异：受影响的公司或处理组，以及未受影响的公司或对照组）。

在这项研究中，我们无法检验产品范围的变化对反倾销调查不同阶段的反应。原因是美国反倾销调查的整个过程只有 10 个月左右，而我们的样本是年度水平。这种识别依赖于在反倾销调查最终决定之前和之后，处理组与对照组的结果变量的比较。在这项研究中，我们将我们的控制组限制在那些出口 HS‑4 产业类别中受影响产品的公司。

具体模型如下：

$$y_{fpt} = \beta Treatment_f \times Post_t + \lambda_f + \lambda_t + \varepsilon_{ft} \quad (1)$$

其中 y_{fpt} 是公司 f 在第 t 年的被解释变量；$Treatment_f$ 是一个虚拟变量，如果公司 f 属于处理组（即正在接受倾销调查）取值为 1，否则取值为 0；$Post_t$ 是一个虚拟变量，在 f 公司受到反倾销的年份中等于 1，否则等于 0；λ_f，λ_t 分别为企业固定效应、年份固定效应；ε_{ft} 是随机扰动项。本研究的兴趣系数为 β。为了处理潜在的异方差性和序列相关性，我们在公司层面对标准误差进行聚类（见 Bertrand，Duflo 和 Mullainathan，2004）。

（二）被解释变量

在这项研究中，我们考虑以下结果变量。

1. 所有其他产品的出口值（不包括受影响的 HS‑6 产品）：

$$y^1_{fpt} = \sum_{j \neq p} exportvalue_{fjt},$$

其中 j 表示产品；$j \neq p$ 指的是其他产品（即不是处理组的受影响产品）。

2. 所有其他产品的数量（不包括受影响的 HS‑6 产品）：

$$y^2_{fpt} = \sum_{j \neq p} j,$$

作为稳健性检查，我们还使用了另一种衡量企业多元化的方法，即 Baldwin 和 Gu(2009) 使用的"熵"指数。产品多样化的熵指数被定义为 $E = \sum_p S_{fpt} \ln(1/S_{fpt})$，其中 S_{fpt} 是公司 f 在时间 t 的每个 HS‑6 位数产品 p 的价值份额。该指数反映了公司向最大而不是最小出口产品倾斜的程度(Bernard 等,2011)。

3. 反倾销前出口的所有其他产品的数量和出口值(原有产品):

$$y_{fpt}^3 = \sum_{\substack{j \neq p \\ j \in J_{pre}}} j,$$

$$y_{fpt}^4 = \sum_{\substack{j \neq p \\ j \in J_{pre}}} exportvalue_{fjt},$$

其中 J_{pre} 是反倾销前出口的产品集合。

4. 我们在不同的 HS 编码级别进行分析,进一步分解之前的总体发现,以了解中国出口商如何调整不同行业类别的出口产品范围和产品结构,并分析哪些行业的企业实现了产品多元化。我们用上述四种方法来看三个不同的类别:(1)第 3 类:在受影响的 HS-4 产业内,排除受影响的 HS-6 产品;(2)第 2 类:在受影响的 HS-2 产业内,排除受影响的 HS-4 产业;(3)第 1 类:未受影响的 HS-2 产业。变量的测度类似于上述四种测量。

以类别(1)为例:

$$y_{fpt}^1 = \sum_{\substack{j \neq p \\ j \in J^{HS\text{-}4}}} exportvalue_{fjt},$$

其中 $J^{HS\text{-}4}$ 是受影响的 HS-6 产品 p 所属的 HS-4 产品类别:

$$y_{fpt}^2 = \sum_{\substack{j \neq p \\ j \in J^{HS\text{-}4}}} j,$$

$$y_{fpt}^3 = \sum_{\substack{j \neq p \\ j \in J^{HS\text{-}4}_{pre}}} j,$$

$$y_{fpt}^4 = \sum_{\substack{j \neq p \\ j \in J^{HS\text{-}4}_{pre}}} exportvalue_{fjt},$$

其中,$J_{pre}^{HS\text{-}4}$ 是反倾销调查前出口的 HS-4 产品类别(受影响的 HS-6 产品 p 属于该类别)的一个子集。

5. 上游度:为了调查受影响的公司在哪里以及如何多样化他们的产品,我们进一步采用了上游的价值加权衡量:

$$y^5_{fpt} = \sum_{j \in J_{ft}} upstreamness_j \times \omega_{fjt},$$

其中，$\omega_{fjt} \equiv \dfrac{exportvalue_{fjt}}{\sum\limits_{j \in J_{ft}} exportvalue_{fjt}}$ 是公司 f 在时间 t 出口的产品 j 的份额。上游度来自 Antras 等（2012），按以下步骤构建。对于每一个产业 $i \in \{1, 2, \cdots, N\}$，总产出（$Y_i$）等于它作为最终产品（$F_i$）被使用和它作为其他产业的中间投入（$Z_i$）的使用之和：

$$Y_i = F_i + Z_i = F_i + \sum_{j=1}^N d_{ij}F_j + \sum_{j=1}^N \sum_{k=1}^N d_{ik}d_{kj}F_j$$
$$+ \sum_{j=1}^N \sum_{k=1}^N \sum_{l=1}^N d_{il}d_{lk}d_{kj}F_j + \cdots$$

其中，d_{ij} 是生产一单位的行业 j 的产出所需的部门 i 的产出的数量。其他求和也有类似的定义。计算一个行业产出在价值链中的（加权）平均位置，方法是将该等式中的每一项乘以其与最终用途的距离加 1，然后除以 Y_i：

$$U_i = 1 \times \frac{F_i}{Y_i} + 2 \times \frac{\sum\limits_{j=1}^N d_{ij}F_j}{Y_i} + 3 \times \frac{\sum\limits_{j=1}^N \sum\limits_{k=1}^N d_{ik}d_{kj}F_j}{Y_i} + 4$$
$$\times \frac{\sum\limits_{j=1}^N \sum\limits_{k=1}^N \sum\limits_{l=1}^N d_{il}d_{lk}d_{kj}F_j}{Y_i} + \cdots$$

这一表述意味着 U_i 值越大，行业 i 的上游度水平就越高。我们的 $Uupstreamness_j$ 是 U_i 的开放经济版本，我们从 Pol Antras 的网站下载了数据。

6. 复杂程度：为了理解出口产品组合如何响应反倾销而变化，我们考察了出口产品组合复杂程度的加权值。

$$y^6_{fpt} = \sum_{j \in J_{ft}} sophistication_j \times \omega_{fjt}$$

其中 $sophistication_j$ 是产品 j 的复杂程度的量度

$\omega_{fjt} \equiv \dfrac{exportvalue_{fjt}}{\sum\limits_{j \in J_{ft}} exportvalue_{fjt}}$ 是公司 f 在时间 t 出口的产品 j 的份额。

根据 Hausmann 等（2007）和 Jarreau 和 Poncet（2012）的研究，

$sophistication_j$ 被构造为：$\dfrac{\dfrac{x_{jk}}{X_j}}{\sum_j \dfrac{x_{jk}}{X_j}} Y_j$，其中，$x_{jk}$ 是 j 国 k 商品的出口值，X_j 是 j 国的出口总值，Y_j 是 j 国的人均收入水平，以人均购买力平价的实际国内生产总值衡量。一种特定商品在富裕国家出口中所占的比重越大，它就越"复杂"。直观地说，这个衡量标准是产品 k 的出口商收入水平的加权平均值，其中权重对应于每个国家 j 在产品 k 中显示的比较优势。对于这种识别策略，我们选择反倾销调查的最终决定日期作为我们估计规格的截止点。然而，我们样本中的公司都是多产品公司，他们可能参与了一个以上的反倾销案件。因此，对于我们的基线估计，分界点的选择取决于针对企业主要行业的反倾销案件。具体来说，我们首先计算每个企业在每个 HS-4 行业的出口份额。然后，我们选择出口份额最大的 HS4 产业作为公司的主要 HS-4 产业，相应的 HS-2 行业作为公司的主要 HS2 行业，以针对该公司主要 HS-4 产业的反倾销案的最终裁决日期，作为我们估计的政策实施时间。根据我们的统计，对于 88.44% 的处理组的幸存出口商来说，受影响的 HS-4 产业属于他们的主要产业。

无论最早遭受反倾销调查的产品是否属于企业的主要行业，企业都有可能在首次经历反倾销措施后开始学习如何调整出口产品组合。作为额外的稳健性检验，我们使用每家公司所受到的最早反倾销调查的最终决定日期作为政策实施时间。

三、实证结果

（一）总体出口产品范围和出口价值反应

在展示我们的回归结果之前，我们在图 5-1、图 5-2 和图 5-3 中给出了处理和控制公司的总出口值、出口产品范围和出口产品组合熵的时间趋势。这些数字给了我们同样的信息，即反倾销前，处理组与对照组具有相似的时间趋势。与我们的实证结果一致，图 5-1 显示，与对照组相比，反倾销后加工企业的总体出口值的时间趋势没有显著变化。图 5-2 显示，与对照组相比，反倾销后加工企业的总体出口产品范围缩小。图 5-3 显示，与对照组相比，加工企业出口产品组合的熵指数在反倾销后下降，这意味着这些出口商在反倾销后集中于更少和更成功的产品。

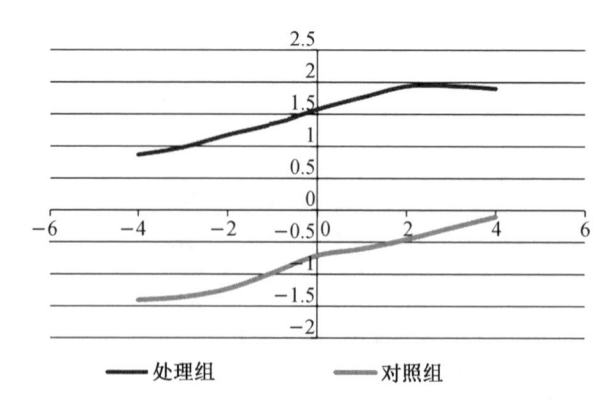

图 5-1　实验组与对照组出口总值的时间趋势对比

注：横轴上的 0 表示征收反倾销税的年份。纵轴表示时间虚拟变量的系数。回归在企业层面运行，控制了企业层面固定效应，在企业层面聚类标准误。

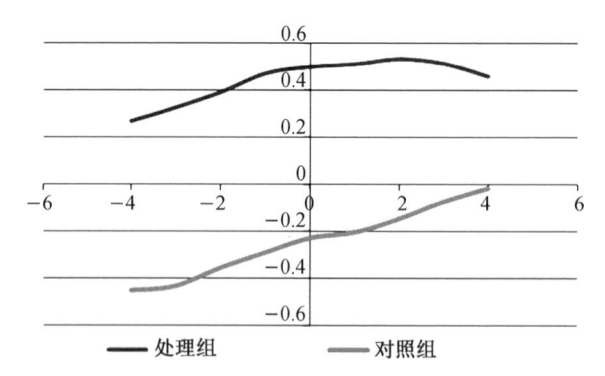

图 5-2　实验组与对照组产品种类数的时间趋势对比

注：横轴上的 0 表示征收反倾销税的年份。纵轴表示时间虚拟变量的系数。回归在企业层面运行，控制了企业层面固定效应，在企业层面聚类标准误。

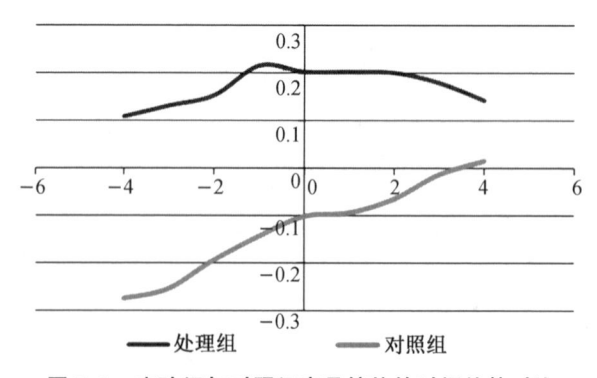

图 5-3　实验组与对照组产品熵值的时间趋势对比

注：横轴上的 0 表示征收反倾销税的年份。纵轴表示时间虚拟变量的系数。回归在企业层面运行，控制了企业层面固定效应，在企业层面聚类标准误。

现在,我们开始调查反倾销对企业整体出口产品范围和出口价值的影响(不包括反倾销产品)。表 5-2 第(1)栏的回归结果表明,反倾销后总出口值没有显著变化。在第(2)栏中,我们可以看到总体出口产品范围明显缩小,约为 3.9%。第(3)栏显示,遭遇反倾销的公司相对于同一 HS-4 产业中未受影响的公司而言,熵值下降了 5.7%(产品组合偏斜度增加),即出口集中在最大产品上。总的来说,实证结果支持了这样一个观点,即反倾销促使出口商缩小其出口产品范围,并集中出口其最成功的产品。

表 5-2 反倾销措施对企业总体出口产品范围、出口额和产品结构的影响

模型设定	(1) 所有其他产品	(2)	(3)	(4) 所有原有产品	(5)
因变量	出口值	产品数量	熵	出口值	产品数量
反倾销	0.085 (0.055)	−0.039*** (0.14)	−0.057*** (0.011)	−0.474*** (0.051)	−0.296*** (0.011)
企业固定效应	Yes	Yes	Yes	Yes	Yes
年份固定效应	Yes	Yes	Yes	Yes	Yes
观测量	37 235	37 235	37 235	31 130	31 130

注:第(1)栏中的出口值(Export value)指所有其他产品的出口值(不包括涉及反倾销的产品);第(2)栏中的产品数量(Number of products)是指所有其他产品的数量,按 HS-6 位数计算;熵(Entropy)是 Baldwin 和 Gu(2009)使用的企业多元化指数的一种度量,它捕捉了一个企业的出口产品向其最大而不是最小出口产品倾斜的程度(Bernard 等,2011)。第(4)栏中的出口值(Export value)指所有原有产品的出口值(反倾销产品除外)。第(5)栏中的产品数量(Number of products)指所有原有产品(反倾销产品除外)的数量,以 HS-6 位数字计算。标准误差在括号中报告。*** 代表 1% 水平的统计显著性。

在本研究中,我们主要关注样本期内幸存出口商的所有其他产品(不包括反倾销产品)。Lu 等(2013)提供的证据表明,生产率较低的出口商(以出口量衡量)更有可能在反倾销调查后退出市场。由于反倾销是单边贸易自由化的反措施,反过来,我们可以推断,在贸易自由化后,生产率更高或规模更大的企业可以扩大其产品范围,这支持了 Qiu 和 Zhou(2013)的预测。

在表 5-2 的第 4—5 列中,[①]我们报告了关于反倾销对现有产品的出口价值和产品范围的影响的回归结果。在第(4)栏中,我们发现原有产品的出口值显著下降了 47.4%,第(5)栏显示,相对于对照组,反倾销后原有产品的产品范围减少了约 29.6%。

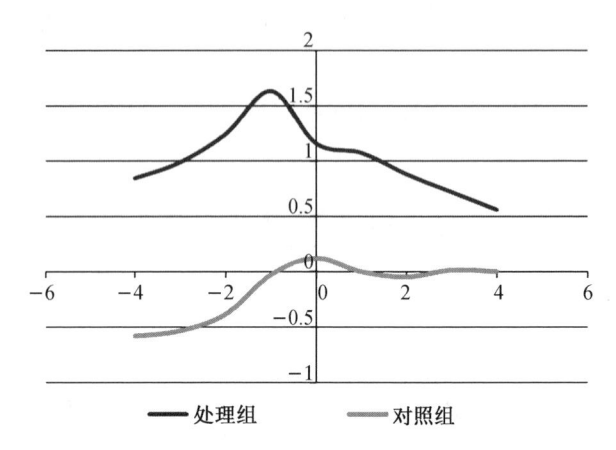

图 5-4　期初存在的实验组与对照组出口总量的时间趋势对比

注：横轴上的 0 表示征收反倾销税的年份。纵轴表示时间虚拟变量的系数。回归在企业层面运行,控制了企业层面固定效应,在企业层面聚类标准误。

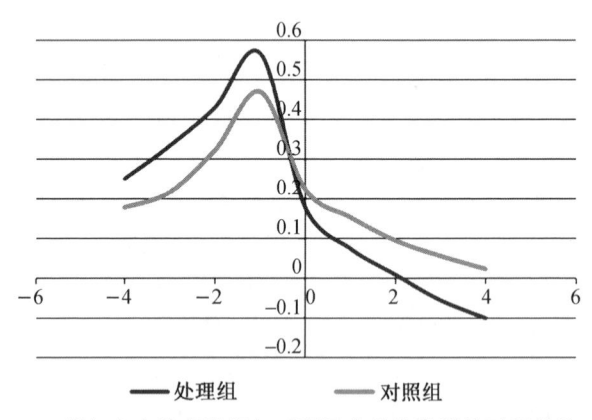

图 5-5　期初存在的实验组与对照组产品种类数的时间趋势对比

注：横轴上的 0 表示征收反倾销税的年份。纵轴表示时间虚拟变量的系数。回归在企业层面运行,控制了企业层面固定效应,在企业层面聚类标准误。

---

① 图 5-4 和图 5-5 显示了处理和控制企业的出口值和出口产品范围的时间趋势,从中我们可以看出,这两组企业在反倾销前的出口值和出口产品范围具有相似的时间趋势。但相对于对照组,加工企业的出口值和原有产品数量在反倾销后显著下降。

我们可以得出结论,中国幸存的出口商放弃了许多原有产品,导致原有产品的出口价值下降了47.4%。但是总体出口值没有变化,总体出口产品范围也没有减少那么多。因此,我们可以推断,中国幸存的出口商增加了一定数量的新产品,这少于他们放弃的数量,新的产品组合保持出口商的整体出口值不变。

(二)不同 HS 水平下的出口产品范围和出口值变化

我们对不同的 HS 编码行业类别重复我们的分析。这是为了进一步分解我们以前的总体发现,看看企业如何在不同的行业类别中调整其出口产品范围和产品结构,并分析企业将产品多样化到哪个行业。我们主要看三个行业类别:(1)第1类:未受影响的 HS-2 行业;(2)第2类:与受影响的 HS-6 产品位于同一 HS-2 产业的未受影响的 HS-4 产业;和(3)第3类:与受影响的 HS-6 产品位于同一 HS-4 行业的未受影响的 HS-6 产品(见图 5-6)。

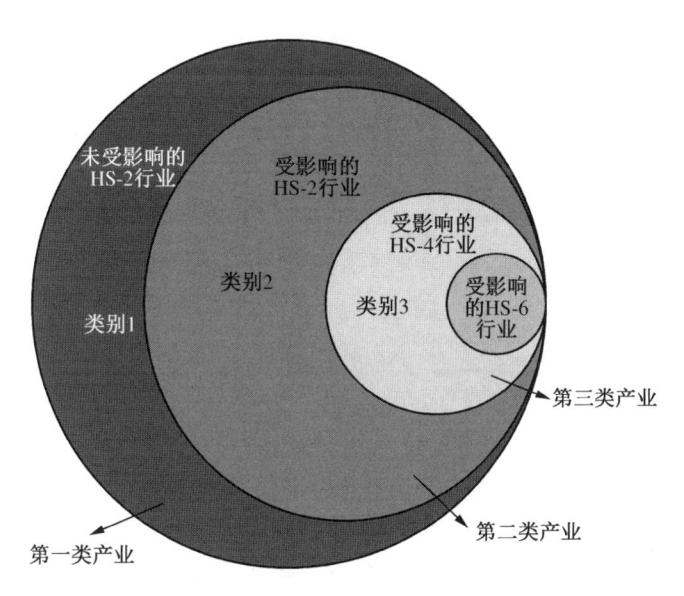

图 5-6 产品分类

1. 第1类:未受影响的 HS-2 行业

表 5-3 PanelA 第(1)栏的结果显示,来自未受影响的 HS-2 行业的所有产品的出口值没有显著变化,但出口产品范围显著下降了约 2.5%,如表 5-3 PanelA 第(2)栏所示。熵指数还证明,新产品组合更偏向于其最大或最成功的产品,如表 5-3 PanelA 的第(3)栏所示。反倾销对原有

产品的出口价值和产品范围的影响是负面的,如表 5-3 PanelA 的第(4)—(5)栏所示,分别下降了 53.5%和 25.7%。通过比较表 5-3 PanelA 第(2)栏和第(5)栏中的系数,我们可以推断,中国出口商增加了一些新产品,其数量少于他们放弃的数量,这一类别新产品组合的出口值下降,尽管不显著。

表 5-3 反倾销措施对不同类别产品企业出口产品范围、出口价值和产品结构的影响

模型设定	(1)	(2)	(3)	(4)	(5)
	所有其他产品			所有原有产品	
因变量	出口值	产品数量	熵	出口值	产品数量
	类别 1			类别 1	
反倾销效应	−0.068 (0.079)	−0.025* (0.014)	−0.022** (0.010)	−0.535*** (0.069)	−0.257*** (0.011)
观测量	37 235	37 235	37 235	31 130	31 130
	类别 2			类别 2	
反倾销效应	0.035 (0.051)	−0.002 (0.009)	0.003 (0.007)	−0.538*** (0.073)	−0.225*** (0.011)
观测量	50 931	50 931	50 931	26 344	26 344
	类别 3			类别 3	
反倾销效应	0.329*** (0.045)	0.029*** (0.006)	0.006*** (0.003)	−0.469*** (0.055)	−0.075*** (0.006)
观测量	62 101	62 101	62 101	41 626	41 626

注:第(1)栏中的出口值指每个产业类别中所有其他产品(反倾销产品除外)的出口值;第(2)栏中的产品数量指每一行业类别中所有其他产品的数量,按 HS-6 位数计算;熵是 Baldwin 和 Gu(2009)使用的企业多元化指数的一种度量,它捕捉了一个企业的出口产品向其最大而不是最小出口产品倾斜的程度(Bernard 等,2011)。第(4)栏中的出口值指每一产业类别中所有原有产品(反倾销产品除外)的出口值。第(5)栏中的产品数量是指每一产业类别中所有原有产品(反倾销产品除外)的数量,以 HS-6 位数字计算。我们在所有回归中控制了公司和年度固定效应。对于第二类和第三类回归,我们控制了行业固定效应。标准误差在括号中报告。***、** 和 * 分别代表 1%、5%和 10%水平的统计显著性。

2. 第2类：与受影响的 HS-6 产品位于同一 HS-2 行业的未受影响的 HS-4 行业

如表 5-3 PanelB 所示，已存在的出口商第 2 类产品的偏斜度、出口产品范围、出口值并无显著变化（表格 5-3 中第 1—3 栏，PanelB）。但是反倾销措施确实对这一产业类别的原有产品的数量和出口值产生了显著的负面影响（表 5-3 中 PanelB 的第 4—5 栏），分别减少了约 53.8% 和 22.5%。我们可以推断，中国出口商在反倾销后也在这一行业类别中增加了一些新产品，这正好抵消了他们放弃的产品数量。新产品组合的出口值不变。

3. 第3类：与受影响的 HS-6 产品位于同一 HS-4 行业的未受影响的 HS-6 产品。

表 5-3 中 PanelC 第 1—2 栏的结果表明，反倾销对第 3 类产品的数量和出口值有显著的积极影响，分别增加了 32.9% 和 2.9%。表 5-3 PanelC 中的第（3）栏也显示，遭遇反倾销措施的企业熵增加了 0.6%；也就是说，它们最大产品的出口集中度下降。表 5-3 PanelC 的第 4—5 栏显示，原有产品的数量和出口值显著下降，分别下降了 46.9% 和 0.75%。我们可以得出结论，中国出口商在反倾销后增加了一些产品到该产业类别中，从而推动了该产业类别产品出口价值的增加。

总的来说，反倾销缩小了幸存出口商的总体出口产品范围，促使他们更加专注于成功的产品。具体而言，出口产品范围的缩小主要是通过减少来自未受影响的 HS-2 产业的原有产品；产品离受影响的行业越远，降幅越大。但在受影响的 HS-4 产业内，受影响的出口商转向许多新产品。总体而言，幸存出口商的出口总值保持不变。[①]

（三）复杂程度和上游度的变化

表 5-4 第(1)栏中的回归结果表明，在应对反倾销时，幸存出口商的出口产品组合的价值加权复杂程度发生了显著正向变化。这一结果表明，由于反倾销调查，受影响的企业可能开始出口高技能密集型产品。我

[①] 对于每个类别的样本，可能有一些公司不存在其他产品以及出口值为 0，这可能会推动我们的估计为负。为了减轻这种担忧，我们放弃了单一部门的公司，重新运行回归。附录表 F7 中的估算结果显示了一个非常相似的模式。

们在列(2)中提供了价值加权技能密集度变化的证据。① 实际上,我们看到受影响的企业增加了其出口产品组合的平均技能密集度,这与我们对复杂程度的发现一致。

我们已经表明,幸存的出口商将新产品分散到每个行业类别,尤其是第三类。然而,这种新产品组合位于更上游还是更下游的行业? 表 5-4 中第(3)栏的回归结果表明,反倾销措施后,受影响企业整体产品组合的上游度的价值加权增加了 3.8%,这意味着受处理企业也出口了更多位于受影响产业上游的产品。

表 5-4　反倾销措施对企业出口产品组合的复杂程度和上游度的影响

模型设定	(1) Overall	(2)	(3)
因变量	加权复杂度	加权技能强度	加权上游度
反倾销	0.118*** (0.018)	0.091*** (0.017)	0.038*** (0.005)
企业固定效应	Yes	Yes	Yes
年份固定效应	Yes	Yes	Yes
观测量	36 967	36 418	37 223

注:复杂度指数来自 Jarreau 和 Poncet(2012),我们在这里使用价值加权复杂度。原始上游数据来自 Antras 等(2012),我们在此使用价值加权上游度。技能指数来自 Basu 和 Das(2011)。我们在这里使用价值加权技能强度。括号中数值为公司层面的聚集标准误。 *** 代表 1%水平的统计显著性。

我们还对复杂度和上游度结果进行了一系列稳健性检查,如附录表 F9 所示,包括剔除异常值,使用匹配对照组,以及通过测量每个公司技术产品的进口价值份额来控制技术进口。所有这些结果都与我们在这里发现的模式相一致,即反倾销后幸存企业出口产品组合的复杂程度和上游度显著增加。

---

① 技能强度数据来自 Basu 和 Das(2011)。更具体地说,被归类为非燃料初级商品和资源密集型制成品的 HS-6 产品被设定为 0;被归类为低技能和技术密集型制成品的 HS-6 产品被设定为 1;被归类为中等技能和技术密集型制成品的 HS-6 产品被设定为 2;被归类为高技能和技术密集型制成品的 HS-6 产品被设定为 3。

（四）讨论

到目前为止，我们的结果表明，当面临反倾销时，受影响的公司减少出口产品的数量，同时将出口集中在更少和更成功的产品上。在这一小节中，我们将讨论这些实证结果的潜在原因。

由于我们的结果表明，出口总额保持不变，产品减少，这些新增加的产品的质量应该高于下降的产品，导致留存产品的出口值更高（Khandelwal，2010）。为了检验这种可能性，我们使用 Khandelwal 等（2013）提出的方法来代表产品质量，并将反倾销调查前后处理组企业平均产品质量的变化与对照组进行比较。

估计结果报告在表 5-5 中。在第一栏中，我们使用公司所有产品平均质量作为因变量，我们发现，事实上，处理组的公司在反倾销调查后提高了产品质量（0.01，s.e.＝0.003）。为了更清楚地看到新增加产品比被取消的产品质量更高，在第 2 列中，我们将因变量改为被取消（反倾销前）或新增加（反倾销后）产品的公司平均产品质量。结果表明，对反倾销的估计仍然是积极的和重要的，其幅度大于第一栏中报告的估计。总的来说，表 5-5 中报告的结果与这一机制是一致的，即由于反倾销冲击，企业放弃劣质产品，增加新的更高质量的产品。

表 5-5　　　　反倾销措施对企业出口产品结构质量的影响

模型设定	(1) 所有其他产品	(2) 新产品与出口产品质量差异
因变量	质量	
反倾销	0.010***	0.020***
	(0.003)	(0.007)
企业固定效应	Yes	Yes
年份固定效应	Yes	Yes
观测量	36 543	27 495

注：产品质量采用 Khandelwal 等（2013）提出的方法进行衡量。列(1)显示所有其他产品（反倾销产品除外）的质量变化。列(2)显示了新产品与出口产品的质量差异。在企业层面聚集的标准误差在括号中报告。*** 代表 1% 水平的统计显著性。

表 5-3 的结果表明，由于反倾销，未受影响的 HS-2 产业的产品数量减少，但受影响的 HS-4 产业的产品数量增加。如何理解这种出口结构变化？当企业因美国的反倾销而遭受负面冲击时，美国市场变得更具

竞争力；因此，生产率较低的企业退出美国市场（例如，Lu等，2013）。在这种情况下，幸存的出口商需要调整他们在美国市场的产品组合，以避免更多的利润损失。因此，他们更专注于他们的成功产品（Qiu和Zhou，2013）。特别是，他们放弃一些外围产业（未受影响的HS-2产业）的产品，更多地集中于主要产业（受影响的HS-4产业）的成功产品。受反倾销措施影响的公司在受影响的HS-4产业中增加更多新产品有两个原因。第一，在我们的样本中，88.44%的处理组企业，涉及反倾销的产品是在他们的主要产业；这些公司将尽力挽救而不是放弃其主要行业的产品。第二，企业更易将其资源从受到影响的HS-6产品转移至HS-4行业内的其他HS-6产品。① 表5-5显示的结果表明，在相同HS-4中这些新推出的HS-6产品平均质量较高。

（五）稳健性检验

在这一小节中，我们对基础结果进行了一系列稳健性检验。总的来说，我们发现在不同检验方式下，我们的主要结果仍保持稳健。

1. 更换政策冲击时间：将企业最早遭受的反倾销最终裁决日期作为政策冲击时间

在这项研究中，我们主要关注从事许多不同HS-2行业的多产品直接出口商。他们可能不仅仅涉及一个反倾销案件。在我们的样本中，75%的多产品直接出口商涉及一个反倾销案件；19%涉及两起反倾销案件；6%的企业涉及三起以上的案件。对于我们的基础估计，我们选择针对公司主要行业的反倾销调查的最终决定日期作为我们识别的政策冲击时间。然而，在经历了第一次反倾销调查后，企业开始学会调整产品组合是可能的。为了解决这一问题，我们使用每家公司遭受的最早反倾销案件的最终裁决日期作为稳健性检查的政策实施时间，主要结果（见附录F的表F2）仍然相同。②

---

① 例如，在我们的样本中，公司A在2002年之前只向美国市场出口了4819(HS-4)产业中的一种产品481910(HS-6)，当时产品481910涉及反倾销调查。该公司在2003年至2006年期间向美国市场推出了同一HS-4行业的另外两种产品(481960和481920)；在2003年940320被卷入反倾销调查之前，企业B在9403行业出口了940320和940360。但是该公司在2004年至2006年期间将同一HS-4行业的另外三种产品(940370、940310和940330)引入美国市场。

② 继Pierce(2011)之后，我们关注反倾销对出口商反应的影响。我们使用反倾销税的结果表明，一个积极的，但不重要的估计和其他因变量的类似模式。这表明，中国出口商对总体关税上调的反应更大，而不是平均单位百分点的变化。这些结果可应要求提供。

2. 去除异常值：1%截尾

为了确保我们的结果不是由异常值驱动的,我们对被解释变量进行1%的缩尾处理后进行回归。附录表 F3 中显示的相应估计结果表明,它们与基线估计非常相似(幅度和显著性水平)。

3. 更换对照组：匹配对照组

DID 策略的成功取决于对照组的良好选择。这里,我们使用匹配方法(核匹配)来检查结果的敏感性。更具体地说,我们使用样本中尚未经历反倾销调查的公司来构建公司将被处理的概率(Kongs 和 Vandenbussche,2008;Pierce,2011)。用于预测(Logit 模型)的变量是美国的进口总量、企业出口到美国的产品种类数、美国经济的实际 GDP 增长率和失业率,以及中美之间的汇率(Blonigen 和 Park,2004;Bown 和 Crowley,2013)。相应的估算结果见附录表 F10。我们首先使用倾向得分至少等于第 75 百分位的未受影响出口商作为匹配对照组 1,然后使用第 50 百分位以上的作为匹配对照组 2。这两组结果记录在附录表 F4 和表 F5 中。在这两个表中,我们发现关键估计的符号和显著性水平与基础估计相同。这些估计值在数量上也与我们在表 5-2 和表 5-3 中报告的基线估计值相似。

4. 考虑技术进步

如果企业在面临反倾销措施时经历了技术升级,我们的估计可能会增加技术升级的影响。我们目前的数据集不允许我们为每个公司引入一个准确的技术升级的衡量。然而,我们有企业的进口信息,这使我们能够构建高技术设备和中间投入的进口份额,这意味着企业的技术升级。在这里,我们认为包括汉字"设备""器""仪""自动""电脑""微机""计算机""系统""控制""数字""机床""芯片"和"数控"在内的产品定义为高技术产品。技术进口(Technology imports)是每家公司每年高技术产品进口额占总进口额的比率。在基础回归对技术升级进行控制,我们在附录表 F6 中报告了相应的结果。这些估计与我们的基线结果非常相似：遭遇反倾销冲击的企业减少了出口产品的数量,同时专注于更成功的产品。

5. 贸易方式异质性：加工贸易 VS 一般贸易

我们还研究了加工出口商与一般出口商的不同反应。我们在附录表 F8 中给出了加工出口商和一般出口商的子样本估计结果。反倾销调查只对一般出口商产生影响;对加工出口商没有影响。换句话说,我们的基础结果主要由一般出口商推动。这是可以理解的,因为加工出口商主要由外国企业组成(Dai 等,2016),他们的出口行为在这些外国直接投资之前就已经计划好了。因此,反倾销调查不会对加工出口商的这些预定的出口合同产生太大影响。

第六章 结论与政策启示

一、关于反倾销影响的主要研究结论

反倾销措施如何影响反倾销发起国国内企业的行为？本书利用法国和中国企业层面以及国际贸易交易层面的数据，分析了欧盟对中国产品的反倾销措施对各类进口竞争企业、进口依赖企业和中国出口企业的综合影响。利用差分法和倾向得分匹配法，本书发现欧盟的反倾销措施损害了进口依赖企业的生产率、就业和国际竞争力。反倾销发起国内直接从中国进口目标产品的企业受到的影响更大，但进口的产品来自欧洲单一市场以外其他国家的进口商也受到了负面影响。本书还发现，反倾销税对不同企业的影响是不同的，这取决于依赖进口的企业的生产率以及反倾销目标产品在这些企业进口总量中的重要性。反倾销措施的负面影响主要集中在生产率最高的进口依赖型企业和最依赖反倾销目标产品的直接进口企业。总的来说临时进口关税有利于生产率最低的欧盟生产商，但不利于生产率最高的欧盟进口商。且对欧洲就业和出口的影响基本上是负面的。以法国为例，对就业而言，在我们的样本中，对进口竞争型和进口依赖型企业的就业净影响是损失了近12 000个工作岗位。此外，反倾销税导致我们样本中的进口竞争型企业和进口依赖型企业净损失约12亿欧元的出口额。相反，欧盟的反倾销措施似乎改善了目标中国出口商的业绩。这些影响导致了一种反常的长期效应，即扩大了法国企业与其在中国的国际竞争对手之间的生产率差距。因此，为进口竞争型企业提供的临时保护在生产率、就业和出口总额方面带来的收益微乎其微，而且仅限于对生产率最低的生产商有好处。这些发现凸显了反倾销税作为贸易保护手段的低效性。

反倾销措施如何影响被反倾销国国内出口商的行为？在本书中，我们利用中国海关的数据来研究2000—2006年间中国出口商如何应对美国的反倾销调查。为了确定反倾销调查的影响，我们采用了差分估计策略,即在反倾销调查过程的各个重要阶段前后,比较受影响的目标产品出口商与未受影响产品类别出口商的结果变量。本书发现,反倾销调查导致 HS-6 位产品层面的总出口量大幅下降,主要是由出口商数量的大幅减少导致的,但每个幸存出口商的出口量也略有下降。也就是说,倾销调查在产品层面上的贸易抑制效应大多是通过广阔边际而非密集边际产生的。本书还发现,出口商数量减少的大部分是生产率较低的出口商,是直接出口商而不是贸易中间商(他们更倾向于多市场和多产品),是单产品直接出口商而不是多产品直接出口商。幸存下来的多产品出口商将缩小出口产品范围,集中于更少、更成功的产品,但总体出口价值没有变化。同时反倾销后,幸存出口商增加了出口产品组合的复杂程度,出口更多的上游产品。

结合这些结果,我们的研究再一次表明,反倾销调查可能会给美国国内生产商在与中国出口商的竞争中带来长期麻烦,反倾销税提高了中国出口商的生产率,扩大了与竞争对手的生产率差距,中国出口商通过反倾销程序变得更具生产力、开辟更多市场和更倾向多产品发展。

二、相关政策启示

回到本书一开始提到的问题:反倾销保护措施到底保护了谁,伤害了谁?各国纷纷实行反倾销政策,旨在保护国内企业,抢占市场,促进制造业发展,降低国内失业率,促进经济发展。但本书研究结果证明,反倾销可以为进口竞争型企业带来一些好处;然而,这些影响仅限于生产率最低的企业和在单一市场范围内活跃的企业。如在欧盟以外的出口市场上面临国际竞争的进口竞争型企业在实施反倾销保护后业绩没有任何改善。反而,针对中国产品的反倾销措施对幸存的中国出口企业的业绩有积极影响。出口商对反倾销措施的反应各不相同。一方面,一些出口企业会增加研发投入,以应对这些措施,从而生存下来,并在生产率、就业增长和国际竞争力方面有所改善。另一方面,一些企业未能投资于研发活动,由于反倾销措施导致贸易成本上升而退出市场。虽然反倾销措施成功地限制了部分中国企业对欧盟的出口,但却提高了幸存出口企业的生产率和竞争力,从而在长期内带来更严峻的竞争压力。

我们可以看到,反倾销作为维护贸易公平的手段,其预期的正向效果是在牺牲了部分群体利益的基础上实现的,甚至某种程度是在牺牲了国家经济长远发展的利益基础上换来的。因此,对反倾销发起国而言,其更应该合理评估实施反倾销对本国带来的收益和损失,对于政策的整体效果评判,我们需要以更为客观和全面的视角,谨慎分析,不应该简单将其作为政治博弈手段,甚至滥用。

对被反倾销国家而言,虽然遭受反倾销会对相关行业产生沉重打击。但这既是机遇也是挑战,在该背景下,对内应加快相关行业产业升级,淘汰生产率低的企业,实现资源更加合理有效的再分配,提高相关产业的生产效率和竞争力。政府也可针对特定行业,通过补贴、出口退税等形式进行产业保护,以弥补幼稚产业在恶性反倾销报复中所遭受的打击。

对外,出口企业可以进行多元化发展,出口多样化产品,同时降低产品出口集中度,开辟更广阔的出口市场,寻找贸易转移的路径;抑或将外供转为内需,以期实现国内外的"双循环"通道。出口企业还应该通过加大研发活动实现转型升级,以此降低对外贸易成本,提高对外抗风险能力和对外竞争力。

附　　录

附录 A

表 A1　　法国与欧盟的比较

受反倾销保护产业的重要性				
	法国		欧盟	
	均值	标准差	均值	标准差
就业人数份额	0.006	0.008	0.007	0.007
企业数量份额	0.002	0.003	0.004	0.007
产量份额	0.007	0.008	0.009	0.009
营业额份额	0.007	0.008	0.008	0.008
受反倾销保护行业的企业特征				
	法国		欧盟	
	均值	标准差	均值	标准差
规模	50.63	32.26	39.83	26.37
劳动生产率	0.28	0.15	0.24	0.17
营业额	16.66	17.99	12.38	16.03
产量	14.93	15.84	11.56	15.01
目标产品的相关性				
	法国		欧盟	
	均值	标准差	均值	标准差
在总进口量中占比	0.000 3	0.000 5	0.000 3	0.000 4
在从中国进口的总进口量中占比	0.000 7	0.001 5	0.000 7	0.001 3

注：数据来自 1999 年至 2007 年期间欧盟统计局结构性业务统计数据和 COMEXT 数据集。表格第一部分列出了受反倾销保护的行业（4 位数）在法国和欧盟制造业总就业人数、公司数量、产量和营业额中所占的份额。表格第二部分介绍了受反倾销保护行业的公司特征：规模以全职雇员人数衡量，劳动生产率以每名雇员的营业额衡量，营业额和产量以百万欧元衡量。表格最后一部分列出了从中国进口的目标产品在法国和欧盟的总进口量以及从中国进口的总进口量中所占的份额。

表 A2 分析中包含的欧盟反倾销案批准清单（1999—2007 年）

No.	反倾销案件 ID	最终裁决参考编号	目标产品	包含的 HS6 产品数量	启动	最终决定	撤销	海关编码	NACE 产业分类编码	总产品份额	总进口份额
1	EUN-AD-413	1999-L217-1	钢丝绳	1	05/20/1998	08/12/1999		731 210	2 874	2.97%	0.001 2%
2	EUN-AD-443	2000-L202-21	非合金钢热轧平板产品	2	05/13/1999	08/19/2000	08/06/2005	720 851	2 710	4.68%	0.005 7%
3	EUN-AD-449	2000-L208-8	可锻铸铁管件	1	05/29/1999	08/11/2000	08/06/2005	730 719	2 751	8.01%	0.001 1%
4	EUN-AD-473	2000-L316-30	块状焦炭	1	09/16/1999	12/14/2000	12/15/2005	270 400	2 310	22.35%	0.014 6%
5	EUN-AD-476	2000-L301-42	特定电子秤	1	09/16/1999	11/30/2000	10/29/2005	842 381	3 320	9.30%	0.000 6%
6	EUN-AD-493	2000-L134-67	铝箔	1	02/18/2000	05/17/2001	05/12/2006	760 711	2 742	2.16%	0.000 9%
7	EUN-AD-505	2000-L195-8	节能灯	1	05/17/2000	07/19/2001	10/10/2008	853 931	3 150	14.81%	0.005 5%
8	EUN-AD-520	2000-L35-1	钼铁	1	11/09/2000	02/06/2002	01/21/2008	720 270	2 710	4.65%	0.001 8%
9	EUN-AD-523	2000-L62-7	特定氧化锌	1	12/20/2000	03/05/2002	03/01/2007	281 700	2 412	6.91%	0.000 6%
10	EUN-AD-538	2000-L196-11	氨基苯磺酸	1	07/06/2001	07/25/2002		292 142	2 414	13.28%	0.000 3%
11	EUN-AD-554	2000-L234-1	对甲酚	1	06/27/2002	09/20/2003	10/15/2008	290 712	2 414	5.98%	0.000 2%
12	EUN-AD-561	2003-L283-1	糠醇	1	08/09/2002	10/31/2003	12/10/2011	293 213	2 413	7.66%	0.000 2%

续表

No.	反倾销案件ID	最终裁决参考编号	目标产品	包含的HS6产品数量	启动	最终决定	撤销	海关编码	NACE产业分类编码	总产品份额	总进口份额
13	EUN-AD-568	2004-L72-1	氨基甲酸乙酯钠	1	12/19/2002	03/11/2004		292 990	2 466	10.62%	0.000 2%
14	EUN-AD-572	2004-L271-1	聚对苯二甲酸乙二醇酯	1	05/22/2003	08/19/2004		390 760	2 416	1.74%	0.001 2%
15	EUN-AD-574	2004-L336-4	胶合板	1	08/19/2003	11/12/2004		441 213	2 020	4.19%	0.000 7%
16	EUN-AD-576	2005-L71-1	聚酯短纤维	1	12/19/2003	03/17/2005		550 320	2 470	1.43%	0.000 4%
17	EUN-AD-582	2005-L189-1	手动托盘搬运车及其重要部件	2	04/29/2004	07/21/2005		842 790	2 922	12.51%	0.001 1%
18	EUN-AD-583	2005-L189-15	碳酸钡	1	04/30/2004	07/21/2005		283 660	2 413	44.02%	0.000 5%
19	EUN-AD-584	2005-L199-1	部分铸件	1	04/30/2004	07/29/2005	09/02/2011	732 510	2 751	15.87%	0.005 6%
20	EUN-AD-589	2005-L240-1	某些成品涤沧长丝服装面料	5	06/17/2004	09/16/2005	09/15/2010	540 761	1 725	12.27%	0.003 1%
21	EUN-AD-590	2005-L261-1	三氯异氰尿酸	2	07/10/2004	07/10/2005		293 369	2 414	12.85%	0.001 5%
22	EUN-AD-591	2005-L267-1	特定镁砖	5	07/13/2004	12/10/2005	06/25/2011	681 591	2 626	7.22%	0.000 2%
23	EUN-AD-594	2005-L302-1	不锈钢紧固件及其零件	4	08/24/2004	11/19/2005		731 815	2 874	5.62%	0.005 8%
24	EUN-AD-601	2005-L320-1	粒状聚四氟乙烯树脂	1	09/09/2004	08/12/2005	12/08/2010	390 461	2 416	2.28%	0.000 2%

续表

No.	反倾销案件 ID	最终裁决参考编号	目标产品	包含的 HS6 产品数量	启动	最终决定	撤销	海关编码	NACE 产业分类编码	总产品份额	总进口份额
25	EUN-AD-605	2006-L23-1	酒石酸	1	10/30/2004	01/27/2006		291 812	2 414	9.50%	0.000 2%
26	EUN-AD-611	2006-L205-1	杠杆拱形装置	1	04/28/2005	07/27/2006		830 510	2 874	17.20%	0.000 7%
27	EUN-AD-615	2006-L251-1	麂皮	1	06/25/2005	09/14/2006		411 410	1 910	2.69%	0.000 0%
28	EUN-AD-619	2006-L270-4	特定塑料袋	2	06/30/2005	09/29/2006	07/13/2012	392 329	2 522	6.11%	0.001 8%
29	EUN-AD-622	2006-L275-1	特定皮革鞋	7	07/07/2005	10/06/2006	03/16/2011	640 359	1 930	1.24%	0.000 6%
30	EUN-AD-630	2007-L72-1	特定钨电极	2	12/17/2005	03/13/2007		810 199	2 745	4.59%	0.000 1%
31	EUN-AD-640	2007-L100-1	冷冻草莓	1	01/19/2006	04/17/2007	04/17/2012	081 110	1 532	6.54%	0.000 6%
32	EUN-AD-641	2007-L109-12	熨衣板	6	02/04/2006	04/26/2007		392 490	2 524	15.36%	0.005 0%
33	EUN-AD-644	2007-L160-1	特定鞍具	3	04/07/2006	06/21/2007	06/21/2012	871 499	3 542	9.32%	0.002 9%
34	EUN-AD-649	2007-L265-1	过硫酸盐	2	07/13/2006	10/11/2007	10/12/2012	284 290	2 412	2.88%	0.000 0%
35	EUN-AD-651	2007-L296-1	双氰胺	1	08/17/2006	11/15/2007	02/13/2014	292 620	2 414	20.00%	0.000 2%
36	EUN-AD-652	2007-L317-5	硅锰	2	09/06/2006	12/05/2007	12/05/2012	720 230	2 415	12.91%	0.001 1%

注：1999 年至 2007 年的数据来自全球反倾销数据库(Bown,2015 年)。仅考虑已受理的案件。GAD ID 是全球反倾销数据库中的案件 ID。EU OJ Ref 是欧盟官方公报中最终裁决的参考编号。No. HS6 是案件中包含的 HS-6 级别的产品数量。对于涉及多个 HS-6 产品的案件，我们报告从中国进口份额最高的产品代码(SHARE TOT PRODUCT)。启动、最终和撤销分别为裁决程序的日期。HS6 和 NACE 对应于产品在 HS6 和 NACE4 级的分类。SHARE TOT PRODUCT(总产品份额)表示目标产品从中国进口的数量占该产品进口总量的份额。总进口份额指目标产品从中国进口份额占制造业产品总进口份额的份额。总产品份额和总进口份额是基于我们样本中的海关总署数据。

附录 B 匹配质量

表 B1 反倾销处理的概率：倾向分数估计

	Importers	Producers	Exporters
来自中国的进口渗透率	4.248** (1.914)	0.909*** (0.152)	0.219*** (0.060)
行业就业增长率	−5.179 (4.573)	0.806*** (0.300)	−1.165*** (0.104)
行业就业水平	−0.0563 (0.085)	0.502*** (0.073)	−0.055*** (0.014)
行业生产率	−29.490*** (6.549)	16.130*** (1.300)	−1.146*** (0.195)
来自中国的进口价格	−0.003*** (0.0009)	−0.0003*** (0.00005)	−0.111*** (0.010)
欧盟国内生产总值增长率	−5.365*** (0.507)	−4.326*** (0.227)	−0.053*** (0.015)
调查数量	0.048* (0.024)	1.196*** (0.056)	0.007*** (0.001)
企业规模	0.222*** (0.078)	0.167*** (0.053)	0.012 (0.016)
企业生产率	0.106 (0.139)	0.127 (0.102)	−0.016 (0.010)
出口商虚拟变量	0.181 (0.328)	0.822*** (0.113)	
企业总进口值	0.271*** (0.056)	0.041*** (0.007)	0.192*** (0.008)
企业投入			−0.140*** (0.015)
伪 R 方	0.676	0.7492	0.081
观测量	8173	14939	12941

注：所使用的估计模型是带有年份和行业固定效应的 Logit 模型。括号内为稳健标准误差。*** $p<0.01$，** $p<0.05$，* $p<0.1$。在第一列中，因变量是一个虚拟变量，如果一家法国企业在分析期间从中国进口了一种 HS-6 位受影响产品，则该虚拟变量等于 1，否则等于 0。在第二列中，因变量是一个虚拟变量，如果法国企业属于 NACE4 位数级别的受保护行业之一，则该虚拟变量等于 1，否则为 0。在第三列中，因变量是一个虚拟变量，如果中国出口商受到欧盟反倾销措施的影响，虚拟变量等于 1，否则为 0。在进口产品层面，我们控制了来自中国的滞后进口渗透率（定义为

来自中国的进口占欧盟 HS-6 位数进口总量的份额)、来自中国的滞后进口价格(衡量为来自中国的欧盟 HS-6 位数进口价值与数量之比)(均基于 COMTRADE 数据集)以及使用 GAD 数据库计算的自 1987 年以来欧盟反倾销调查的累计次数。所有产品层面的变量都是在企业层面对影响每个企业的产品集进行平均。在产品的行业层面,我们控制欧盟行业在 NACE4 位数层面的滞后就业水平、滞后就业增长率和滞后生产率水平(以雇员人均增加值衡量)。我们还对欧盟国内生产总值的滞后增长水平进行了控制。所有产品-行业变量均提取自欧盟统计局的结构性商业统计数据库,并在欧盟层面对每个 NACE4 位数行业进行衡量。在企业层面,我们纳入了以员工人数衡量的滞后规模、滞后全要素生产率、滞后总进口值和出口商虚拟变量。在中国出口商样本中,我们用衡量中间投入品滞后值的变量取代了出口商虚拟变量。所有企业层面的变量均基于法国企业年度调查和中国工业企业年度调查。

表 B2 依赖进口企业的匹配平衡检验

	处理组	控制组	%bias	t-test	V(T)/V(C)
来自中国的进口渗透率	0.008	0.006	4.4	0.95	1.06
行业就业增长率	0.0007	0.0006	0.4	0.16	0.97
行业就业水平	8.753	8.818	5.3	1.063	0.93
行业生产率	0.008	0.010	8.5	2.6	1.23
来自中国的进口价格	24.609	61.844	0.4	0.27	1
调查数量	0.806	1.195	16.7	2.62	0.96
欧盟国内生产总值增长率	2.303	2.241	12.3	2.32	1.08
企业规模	4.873	4.975	8.9	1.42	0.83
企业生产率	4.932	4.921	1.6	0.27	1.07
出口商虚拟变量	0.973	0.976	1	0.34	
企业总进口值	15.275	15.190	3.3	0.86	0.9

表 B3 进口竞争企业的匹配平衡检验

	处理组	控制组	%bias	t-test	V(T)/V(C)
来自中国的进口渗透率	0.273	0.175	16.2	2.71	0.92
行业就业增长率	0.093	0.075	10.4	3.45	1.1
行业就业水平	12.569	12.153	25.8	2.57	0.8
行业生产率	0.155	0.151	6.6	1.65	0.93
来自中国的进口价格	1 314.2	1 633.5	4.7	1.48	0.91
调查数量	1.759	1.827	9.6	2.02	1.09
欧盟国内生产总值增长率	2.389	2.339	6.6	1.32	1.04
企业规模	4.163	4.129	3.5	1.18	0.99
企业生产率	4.463	4.515	8.9	1.67	0.93
出口商虚拟变量	0.865	0.777	21.3	3.36	
企业总进口值	9.357	9.332	0.4	0.14	1

表 B4　　　　　　　　　　中国出口商的匹配平衡检验

	处理组	控制组	%bias	t-test	V(T)/V(C)
来自中国的进口渗透率	0.250	0.253	−1.6	−1.03	0.92
行业就业增长率	0.013	0.012	1.3	1.07	1.27
行业就业水平	11.849	11.859	−1.0	−0.68	1.33
行业生产率	0.148	0.141	9.2	7.03	0.71
来自中国的进口价格	1.609	1.599	0.8	0.66	1.01
调查数量	8.154	6.725	7.5	4.31	1.31
欧盟国内生产总值增长率	2.383	2.383	−0.0	−0.02	1.36
企业规模	5.763	5.716	5.716	2.69	1.05
企业生产率	6.355	6.330	1.6	1.13	0.85
企业投入	10.689	10.622	5.2	3.49	0.88
企业总进口值	12.243	12.179	3.1	2.23	1.19

注：第 2 列和第 3 列给出了匹配后，实验组和对照组企业的每个控制变量的平均值。第 4 列显示了应用匹配过程后 Logit 模型中包含的所有协变量的标准偏差。第 5 列报告了配对样本与未配对样本观测值均值相等的 t 检验。第 6 列显示了实验组和对照组的倾向得分线性指数正交的残差方差比。

附录 C　其他结果和稳健性检验

表 C1　　　　　欧盟反倾销措施对中国目标产品出口的影响

	产品层面分析						
	出口量			出口商数量		
	t	$t+1$	$t+2$	t	$t+1$	$t+2$
ATT	−0.475***	−0.599***	−0.954***	−0.175***	−0.200**	−0.392***
s.e.	(0.179)	(0.251)	(0.284)	(0.089)	(0.083)	(0.123)
时间固定效应	Yes	Yes	Yes	Yes	Yes	Yes
产品固定效应	Yes	Yes	Yes	Yes	Yes	Yes
观测量	1 950	1 950	1 950	1 950	1 950	1 950

续表

	企业-产品层面分析：幸存出口商					
	出口量			出口价格		
	t	$t+1$	$t+2$	t	$t+1$	$t+2$
ATT	0.001	−0.082	−0.223	−0.001	−0.047	−0.030
s.e.	(0.075)	(0.155)	(0.154)	(0.018)	(0.029)	(0.087)
时间固定效应	Yes	Yes	Yes	Yes	Yes	Yes
产品固定效应	Yes	Yes	Yes	Yes	Yes	Yes
企业固定效应	Yes	Yes	Yes	Yes	Yes	Yes
观测量	167 839	167 839	167 839	167 839	167 839	167 839

注：估计基于 2000 年至 2006 年的中国海关数据。使用 DID 技术估计 ATT 效应。*** $p<0.01$，** $p<0.05$，* $p<0.01$。按照 Lu 等人（2013 年）的方法，处理组是受欧盟反倾销措施影响的 HS-6 位数产品，对照组是与受影响的 HS-6 位数产品属于同一 HS-4 位数行业的未受影响的 HS-6 位数产品。产品层面分析的因变量是 HS-6 位数层面的年出口量和出口商数量。幸存出口商的因变量是公司-产品层面的出口量和出口价格。括号内报告的是产品层面的标准误差。

表 C2　　欧盟反倾销措施对进口目标产品价格的影响

	Price(FoB)		
	t	$t+1$	$t+2$
	中国		
ATT	0.062***	0.067**	0.098***
b.s.e.	(0.024)	(0.033)	(0.037)
	Intra-EU		
ATT	0.016	0.054	−0.029
b.s.e.	(0.043)	(0.047)	(0.083)
	其他国家和地区		
ATT	0.128***	0.164***	0.137*
b.s.e.	(0.033)	(0.054)	(0.077)
No. Obs.	24 245	24 245	24 245

注：估计是基于欧盟统计局 COMEXT 1999 年至 2007 年的进口数据。使用 PSM-DID 估计 ATT 效应。在括号中报告了 500 次重复的自举标准误差（b.s.e.）。*** $p<0.01$、** $p<0.05$、* $p<0.1$ 报告了样本中包含的产品数量。因变量是在实施反倾销措施后的三年内，从中国到欧盟、欧盟内部贸易以及从世界其他地区（不包括中国）进口的目标产品（HS-6 级别）的年度进口价格增长。

表 C3　欧盟反倾销措施对进口竞争企业影响的异质性：全要素生产率四分位数分析

	第一四分位数			第二四分位数			第三四分位数			第四四分位数		
	t	$t+1$	$t+2$	t	$t+1$	$t+2$	t	$t+1$	$t+2$	t	$t+1$	$t+2$
	全要素生产率											
ATT	−0.017 2	0.062*	0.194**	0.018	0.006 5	0.015	−0.045	−0.104**	−0.057	−0.146***	−0.061**	0.038
b.s.e.	(0.034)	(0.039)	(0.061)	(0.033)	(0.040)	(0.068)	(0.037)	(0.044)	(0.061)	(0.044)	(0.030)	(0.085)
	总就业											
ATT	−0.015	−0.019	0.084**	−0.002 8	0.015	0.037	−0.054**	−0.012	−0.010	−0.029**	−0.068**	−0.065
b.s.e.	(0.017)	(0.025)	(0.044)	(0.020)	(0.027)	(0.049)	(0.024)	(0.034)	(0.050)	(0.011)	(0.028)	(0.052)
	研发投资											
ATT	−0.163	−0.081	−0.322	0.095	−0.092	−0.019	0.283	0.293	0.142	0.056	−0.210	0.230
b.s.e.	(0.191)	(0.208)	(0.342)	(0.178)	(0.194)	(0.358)	(0.187)	(0.195)	(0.291)	(0.142)	(0.167)	(0.300)
	总出口额											
ATT	−0.157	−0.277	−0.067	0.025	−0.124	0.204	0.189	−0.184	−0.180	−0.277**	−0.0191	0.304
b.s.e.	(0.169)	(0.203)	(0.297)	(0.224)	(0.263)	(0.429)	(0.256)	(0.293)	(0.398)	(0.161)	(0.247)	(0.406)
No. Obs.	3 916	3 879	3 257	3 732	3 699	3 081	3 690	3 656	2 952	3 601	3 513	2 742

注：这些估计是根据年度商业调查和海关机构 1999 年至 2007 年的数据得出的。在括号中报告了 500 次重复的自举标准误差（b.s.e.）。
*** $p<0.01$，** $p<0.05$，* $p<0.1$。结果变量是相对于 $t-1$ 期的企业层面 TFP，全职员工数量，研发投资和出口值的增长。样本包括依赖进口的企业，即使用 Pierce 和 Schott（2009 年）的协调制度代码和标准化工业分类代码之间的对照表对欧盟反倾销措施保护的目标产品进行匹配的 NACE 4 位数级行业中的企业。样本被分为 $(t-1)$ 期全要素生产率的四分位数。我们根据全要素生产率的分布情况，将受保护的企业与在同一 NACE 2 位数行业内的其他 NACE 4 位数行业中经营且未受任何其他欧盟反倾销措施保护的类似企业进行匹配。

表 C4　欧盟反倾销措施对中国出口商影响的异质性：基于全要素生产率四分位数的分析

	第一四分位数			第二四分位数			第三四分位数			第四四分位数		
	t	$t+1$	$t+2$	t	$t+1$	$t+2$	t	$t+1$	$t+2$	t	$t+1$	$t+2$

全要素生产率

ATT	-0.224^{**}	0.050	-0.648	0.008	0.011	0.004	0.016	0.020	0.066	0.150^{***}	0.188^{**}	0.060
b.s.e.	(0.104)	(0.156)	(0.429)	(0.010)	(0.018)	(0.032)	(0.012)	(0.019)	(0.048)	(0.036)	(0.077)	(0.065)

总就业

ATT	0.128^{***}	0.136^{**}	0.245^{**}	0.046	0.212^{***}	0.076	-0.030	0.211^{**}	0.325^{***}	0.227^{***}	0.287^{***}	0.193
b.s.e.	(0.034)	(0.059)	(0.119)	(0.04)	(0.063)	(0.109)	(0.048)	(0.084)	(0.122)	(0.069)	(0.097)	(0.132)

研发投资

ATT	0.073	-0.021	0.053	-0.181^{**}	-0.240^{*}	-0.027	0.058	0.402^{*}	-0.817^{***}	0.202	0.550^{*}	-0.341
b.s.e.	(0.072)	(0.152)	(0.206)	(0.081)	(0.131)	(0.276)	(0.128)	(0.225)	(0.272)	(0.137)	(0.314)	(0.411)

总出口额

ATT	0.331^{***}	0.546^{***}	0.626^{*}	0.308^{***}	0.472^{***}	0.661^{***}	0.347^{***}	0.480^{***}	0.716^{***}	0.626^{***}	0.910^{***}	0.431^{*}
b.s.e.	(0.113)	(0.182)	(0.325)	(0.080)	(0.145)	(0.174)	(0.081)	(0.150)	(0.268)	(0.175)	(0.324)	(0.221)
No. Obs.	9 051	9 051	9 051	7 939	7 939	7 939	7 179	7 179	7 179	6 578	6 578	6 578

注：估计基于2000年至2006年的中国工业企业年度调查和中国海关数据。括号内为500次重复的自举标准误差(b.s.e.)。$^{***}p<0.01$，$^{**}p<0.05$，$^{*}p<0.1$。结果变量为相对于$(t-1)$的企业级全员工资、全职员工人数、研发投入和出口额的增长。样本包括$(t-1)$年所有向欧盟出口欧盟反倾销措施所针对产品的中国企业。样本被划分为$(t-1)$年全要素生产率的四分位数。根据全要素生产率的分布情况，我们将受影响的企业与类似的出口企业进行匹配。

表 C5　欧盟反倾销措施对进口依赖型企业的影响：稳健性检验

	一对一最近邻匹配			核匹配：具有固定效应的面板 logit 估计		
	t	$t+1$	$t+2$	t	$t+1$	$t+2$
	全要素生产率					
ATT	−0.130**	−0.077*	0.000 6	−0.079***	−0.088***	−0.035
b. s. e.	(0.055)	(0.043)	(0.069)	(0.012)	(0.015)	(0.033)
	总就业					
ATT	−0.067***	−0.031*	−0.073	−0.015**	−0.025**	−0.016
b. s. e.	(0.020)	(0.026)	(0.058)	(0.006)	(0.009)	(0.018)
	研发投资					
ATT	−0.279	−0.156	−0.088	−0.122	0.042	0.052
b. s. e.	(0.180)	(0.184)	(0.268)	(0.081)	(0.092)	(0.150)
	总出口额					
ATT	−0.280***	−0.378***	0.007	−0.023	−0.039	−0.218**
b. s. e.	(0.098)	(0.147)	(0.377)	(0.050)	(0.055)	(0.105)
No. Obs.	8 175	8 141	7 370	7 998	7 964	7 205

注：估算基于 1999 年至 2007 年的年度商业调查和海关总署数据。括号中报告了 500 次重复的自举标准误差（b. s. e.）。*** $p<0.01$，** $p<0.05$，* $p<0.1$。结果变量为相对于（$t-1$）的企业层面全员工资、全职雇员人数、研发投资和出口额的增长。依赖进口的企业是指在（$t-1$）年直接从中国进口欧盟反倾销措施所针对的产品的企业。我们将受控的依赖进口企业与类似的进口商进行匹配，这些进口商在（$t-1$）时没有直接进口任何其他欧盟反倾销措施所针对的产品，并将受控企业限定为进口商与欧盟反倾销措施（HS-6）所针对产品属于同一 HS-4 位分类的企业。

表 C6　欧盟反倾销措施对进口竞争企业的影响：稳健性检验

	一对一最近邻匹配			核匹配：具有固定效应的面板 logit 估计		
	t	$t+1$	$t+2$	t	$t+1$	$t+2$
	全要素生产率					
ATT	−0.032	0.073**	0.077*	0.021**	0.059***	0.017
b.s.e.	(0.046)	(0.032)	(0.050)	(0.008)	(0.010)	(0.013)
	总就业					
ATT	−0.010	−0.0046	0.056***	−0.017***	−0.004	0.023***
b.s.e.	(0.020)	(0.027)	(0.012)	(0.005)	(0.006)	(0.008)
	研发投资					
ATT	0.113	−0.023	0.041	−0.068	0.042	0.040
b.s.e.	(0.154)	(0.132)	(0.240)	(0.046)	(0.052)	(0.078)
	总出口额					
ATT	−0.291	−0.614	0.040	−0.005	−0.00005	0.030
b.s.e.	(0.340)	(0.484)	(0.212)	(0.047)	(0.056)	(0.057)
No. Obs.	14 939	14 747	12 032	14 581	14 389	11 719

注：估算基于 1999 年至 2007 年的年度商业调查和海关总署数据。括号中报告了 500 次重复的自举标准误差（b.s.e.）。*** $p<0.01$，** $p<0.05$，* $p<0.1$。结果变量为相对于 $(t-1)$ 的企业层面全员工资，全职雇员人数，研发投资和出口额的增长。进口竞争企业的定义是，受欧盟反倾销措施保护的目标产品所对应的 NACE4 位数行业中的所有企业。我们将这一样本中的受保护企业与其他 NACE4 位数行业中的类似企业进行匹配，这些行业包含在相同的 NACE2 位数行业中，且未受到任何其他欧盟反倾销措施的保护。

表 C7　欧盟反倾销措施对中国出口商的影响：稳健性检验

	一对一最近邻匹配			核匹配：具有固定效应的面板 logit 估计		
	t	$t+1$	$t+2$	t	$t+1$	$t+2$
	全要素生产率					
ATT	0.183**	0.404***	0.289**	0.273***	0.476***	0.353***
b.s.e.	(0.043)	(0.066)	(0.133)	(0.042)	(0.063)	(0.133)
	总就业					
ATT	0.256***	0.374***	0.409***	0.255***	0.427***	0.410***
b.s.e.	(0.034)	(0.055)	(0.069)	(0.038)	(0.057)	(0.064)
	研发投资					
ATT	0.202***	0.322**	−0.031	0.210***	0.563***	0.071
b.s.e.	(0.073)	(0.132)	(0.153)	(0.072)	(0.134)	(0.150)
	总出口额					
ATT	0.742***	0.941***	1.139***	0.736***	1.070***	1.178***
b.s.e.	(0.064)	(0.117)	(0.116)	(0.080)	(0.122)	(0.122)
No. Obs.	28 023	28 023	28 023	30 017	30 017	30 017

注：估计基于 2000 年至 2006 年的中国工业企业年度调查和中国海关数据。括号中报告了 500 次重复的自举标准误差（b.s.e.）。*** $p<$ 0.01，** $p<$ 0.05，* $p<$ 0.1。结果变量为相对于 $(t-1)$ 的企业层面全员工资、全职员工人数、研发投入和出口额的增长。我们将出口企业定义为在处理前一年 $(t-1)$ 向欧盟出口企业所针对产品的所有中国企业。我们将被处理的出口企业与在时间 $(t-1)$ 上未受任何其他反倾销措施影响的类似出口企业进行匹配，并将控制军限制为出口产品与目标 HS-6 位数产品属于同一 HS-4 位数分类的中国企业。

表 C8　欧盟反倾销措施对长期依赖进口企业、进口竞争企业和中国出口商的影响

	直接进口商			NACE4 位数生产商			中国出口商		
	t	$t+1$	$t+2$	t	$t+1$	$t+2$	t	$t+1$	$t+2$
				全要素生产率					
ATT	−0.058**	−0.046**	−0.082*	0.236***	0.140***	0.112	0.264***	0.409***	0.341*
b.s.e.	(0.026)	(0.022)	(0.046)	(0.033)	(0.039)	(0.065)	(0.054)	(0.105)	(0.175)
					就业				
ATT	−0.039**	−0.036**	−0.040	0.009	0.074***	0.084*	0.263***	0.474***	0.536***
b.s.e.	(0.017)	(0.014)	(0.034)	(0.016)	(0.023)	(0.044)	(0.047)	(0.089)	(0.110)
					研发投资				
ATT	−0.072	0.004	0.123	0.033	−0.359**	−0.258	0.213**	0.547***	0.284
b.s.e.	(0.193)	(0.212)	(0.277)	(0.159)	(0.172)	(0.314)	(0.094)	(0.209)	(0..255)
					总出口额				
ATT	−0.272*	−0.208*	0.190	0.052	0.052	−0.081	0.720***	0.962***	1.188***
b.s.e.	(0.143)	(0.109)	(0.191)	(0.189)	(0.226)	(0.365)	(0.093)	(0.162)	(0.170)
No. Obs.	7 524	7 511	7 006	9 243	9 125	7 779	17 990	17 990	17 990

注：对直接进口商和 NACE4 位数生产商的估计基于 1999 年至 2007 年的年度商业调查和中国海关数据，对中国出口商的估计基于 2000 年至 2006 年的中国工业企业年度调查和中国海关数据。括号中报告了 500 次重复的自举标准误差（b.s.e.）。*** $p<0.01$，** $p<0.05$，* $p<0.1$。结果变量为相对于 ($t-1$) 期的增长。全职员工工资、全职员工数、研发投资和出口额的增长。直接进口商样本包括在 t 前至少三年内直接从中国进口欧盟反倾销措施目标产品的依赖进口的企业。NACE4 位数生产商样本包括在 t 前至少三年内列入 NACE4 位数行业的所有企业。欧盟反倾销措施保护的目标产品已通过 Pierce 和 Schott（2009 年）的 HS 与 SIC 代码对照表进行了匹配。中国出口商样本包括在 (t) 之前至少三年向欧盟出口目标产品的企业。

附录 D 反倾销政策产生的总影响

表 D1　反倾销措施对就业和总出口的影响

样本	时间	结果	受处理组的平均处理效应	Average Level at $t-1$ (Firm Level)	No. of Treated	在 $t-1$ 期水平 (Sample Level)	效应
直接进口商	t	Total Employment	−0.021	352.08	692	243 643	−5 238
直接进口商	$t+1$	Total Employment	−0.052	360.29	682	245 717	−12 900
直接进口商	$t+1$	Total Exports	−0.298	44 444 400	692	30 755 524 800	−9 165 146 390
直接进口商	$t+1$	Total Exports	−0.301	44 022 640	682	30 023 440 480	−9 037 055 584
从非欧盟进口企业	$t+1$	Total Employment	−0.042	399.26	1 168	466 335	−19 726
从非欧盟进口企业	$t+2$	Total Employment	−0.068	426.35	856	364 963	−24 926
从非欧盟进口企业	$t+1$	Total Exports	−0.453	44 775 560	1 168	52 297 854 080	−23 690 927 898
NACE4 位码生产商	$t+2$	Total Employment	0.004	157.44	2 060	324 342	1 381
NACE4 位码生产商	$t+2$	Total Exports	0.249	15 295 910	2 060	31 509 574 600	7 845 884 075
出口到欧盟企业	t	Total Employment	0.112	248.30	872	216 518	24 250
出口到欧盟企业	$t+1$	Total Employment	0.097	253.59	844	214 029	20 782
出口到欧盟企业	$t+2$	Total Exports	0.890	33 484 590	506	16 943 202 540	15 079 450 260

注：根据 1999 年至 2007 年的年度商业调查和海关总署数据进行估算。ATT 数据摘自表 2、表 5 和表 6。反倾销措施的影响是指与不征收反倾销税情况下的增长相比，就业和出口总额在 $t-1$ 水平上的增长。

表 D2　反倾销措施对法国和欧盟就业与出口总额的总体影响

样本	时间	结果	受处理组的平均处理效应	在 $t-1$ 期水平	效应
French Users Nace 4-digit	t	Total Employment	−0.026	3 135 124	−83 394
French Users Nace 4-digit	t	Total Exports	−0.193	283 650 000 000	−54 744 450 000
French Producers Nace 4-digit	$t+2$	Total Employment	0.004	523 316	2 229
French Producers Nace 4-digit	$t+2$	Total Exports	0.249	51 200 000 000	12 748 800 000
EU Users Nace 4-digit	t	Total Employment	−0.026	25 862 484	−687 942
EU Users Nace 4-digit	t	Total Exports	−0.193	828 960 000 000	−159 989 000 000
EU Producers Nace 4-digit	$t+2$	Total Employment	0.004	4 969 130	21 168
EU Producers Nace 4-digit	$t+2$	Total Exports	0.249	178 860 000 000	44 536 140 000

注：根据欧盟统计局结构性商业统计和 COMEXT 数据集 1999 年至 2007 年的数据进行估算。ATT 数据摘自表 5 和表 6。反倾销措施的影响是指与不征收反倾销税情况下的增长相比，就业和出口总额在 $t-1$ 水平上的增长。

附录 E 美国对华反倾销

表 E1 被调查倾销可能性的 Logit 回归

因变量	被调查倾销的概率 (1)
进口值	0.473** (0.036)
实际 GDP 增长率	0.031 (0.047)
汇率指数(1989=100)	1.598** (0.602)
之前被调查过	0.749** (0.205)
行业固定效应	yes
观测量	2 243
伪 R 方	0.230

注：估计方法为 Logit 回归；观察单位为 HS-6 位产品水平。括号中的标准误差按产品水平聚类。** 代表在 1% 水平上的统计显著性。

表 E2　2000—2006 年美国对华反倾销案例

CASE_ID	PRODUCT	Initiation date	Preliminary ITC Date	Preliminary ITC Decision	Final ITC Date	Final ITC Decision
USA-AD-868	钢丝绳	03/2000	04/2000	A	04/2001	N
USA-AD-874	混凝土钢筋	07/2000	08/2000	A	07/2001	A
USA-AD-885	桌面笔记计数器的扫描仪	07/2000	09/2000	N	—	—
USA-AD-891	铸造焦炭	09/2000	11/2000	A	09/2001	A
USA-AD-893	蜂蜜	10/2000	11/2000	A	11/2001	A
USA-AD-895	纯镁	10/2000	12/2000	A	11/2001	A
USA-AD-899	热轧碳钢产品	11/2000	01/2001	A	12/2001	A
USA-AD-921	折叠礼盒	03/2001	04/2001	A	04/2002	A
USA-AD-922	汽车挡风玻璃	03/2001	06/2001	A	06/2002	A
USA-AD-932	折叠金属桌子和椅子	05/2001	07/2001	A	06/2002	N
USA-AD-935	结构钢梁	06/2001	07/2001	A	07/2002	N
USA-AD-943	圆形焊接非合金钢管	06/2001	08/2001	N	—	—
USA-AD-951	高炉焦碳	07/2001	10/2001	A	11/2002	N
USA-AD-968	冷轧钢材产品	10/2001	01/2002	A	01/2003	A
USA-AD-986	钒铁	11/2001				

续表

CASE_ID	PRODUCT	Initiation date	Preliminary ITC Date	Preliminary ITC Decision	Final ITC Date	Final ITC Decision
USA-AD-989	球轴承	02/2002	05/2002	A	04/2003	N
USA-AD-990	非可锻铸铁管件	02/2002	04/2002	A	04/2003	A
USA-AD-994	石油管材	04/2002	05/2002	N	—	—
USA-AD-1010	草坪和花园钢篱笆部件	05/2002	06/2002	A	06/2003	A
USA-AD-1013	糖精	07/2002	08/2002	A	06/2003	A
USA-AD-1014	聚乙烯醇	09/2002	10/2002	A	10/2003	A
USA-AD-1020	碳酸钡	10/2002	11/2002	A	10/2003	A
USA-AD-1021	可锻铸铁管件	11/2002	12/2002	A	12/2003	A
USA-AD-1022	精制棕色氧化铝	11/2002	01/2003	A	11/2003	A
USA-AD-1030	4,4'-二氨基-2,2'-二苯乙烯二磺酸和二苯乙烯荧光增白剂	04/2003	—	W	—	—
USA-AD-1034	彩色电视接收机	05/2003	06/2003	A	06/2004	A
USA-AD-1036	4,4'-二氨基-2,2'-二苯乙烯二磺酸化学	05/2003	07/2003	N	—	—
USA-AD-1043	聚乙烯零售手提袋	06/2003	08/2003	A	08/2004	A
USA-AD-1046	四氢糠醇	06/2003	08/2003	A	08/2004	A
USA-AD-1047	熨烫台及其特定零部件	07/2003	08/2003	A	08/2004	A

续表

CASE_ID	PRODUCT	Initiation date	Preliminary ITC Date	Preliminary ITC Decision	Final ITC Date	Final ITC Decision
USA-AD-1049	电解二氧化锰	08/2003	—	T	—	—
USA-AD-1058	木制卧室家具	11/2003	01/2004	A	12/2004	A
USA-AD-1059	手动搬运车	11/2003	01/2004	A	12/2004	A
USA-AD-1060	咔唑紫颜料23	11/2003	01/2004	A	12/2004	A
USA-AD-1064	特定冷冻和罐装温水虾及对虾	04/2004	03/2004	A	01/2005	P
USA-AD-1070a	皱纹纸产品	02/2004	04/2004	A	01/2005	A
USA-AD-1070b	特定纸巾产品	02/2004	04/2004	A	03/2005	A
USA-AD-1071	镁	03/2004	05/2004	A	04/2005	A
USA-AD-1073	特定圆形焊接碳素优质线管	03/2004	05/2004	A	—	T
USA-AD-1082	氯化异氰脲酸酯	05/2004	07/2004	A	06/2005	A
USA-AD-1091	艺术家画布	04/2005	05/2005	A	05/2006	A
USA-AD-1092	金刚石锯片及其零件	05/2005	07/2005	A	07/006	N
USA-AD-1095	特定记事本制品	09/2005	10/2005	A	09/2006	A
USA-AD-1099	碳素和特定合金钢线材	11/2005	01/2006	N	—	—
USA-AD-1102	活性炭	02/2006	—	W	—	—
USA-AD-1103	特定活性炭	03/2006	05/2006	A	04/2007	A
USA-AD-1104	特定聚酯短纤维	06/2006	08/2006	A	05/2007	A
USA-AD-1107	涂层纸张	11/2006	12/2006	A	12/2007	N

注: A: 肯定;N: 否定;W: 撤回;T: 终止。

表 E3　反倾销调查前不同时间趋势的稳健性检验

	(1)	(2)	(3)	(4)	(5)	(6)	(7)	(8)	(9)	(10)
模型设定	数量反应		广延边际		集约边际		价格反应		贸易偏转	
因变量	出口量对数		出口商品数量对数		出口量对数		出口价格对数		出口量对数	
样本	全样本		全样本		幸存企业		幸存企业		全样本	
控制组	1	2	1	2	1	2	1	2	1	2
过去12个月	0.154	0.153	0.068	0.068	−0.010	−0.010	−0.009	−0.009	−0.248*	−0.219*
	(0.111)	(0.108)	(0.042)	(0.041)	(0.042)	(0.043)	(0.018)	(0.018)	(0.109)	(0.107)
启动(β_1)	0.051	0.033	0.008	0.003	−0.015	−0.015	−0.027	0.027	−0.252	−0.282
	(0.172)	(0.171)	(0.044)	(0.043)	(0.042)	(0.042)	(0.019)	(0.019)	(0.138)	(0.143)
初步关税(β_2)	−0.0025**	−0.0025**	−0.0011**	−0.0011**	−0.0008**	−0.0008**	0.0002	0.0002	−0.0001	−0.0001
	(0.0008)	(0.0008)	(0.0003)	(0.0003)	(0.0003)	(0.0003)	(0.0001)	(0.0001)	(0.001)	(0.001)
最终关税(β_3)	−0.0057**	−0.0058**	−0.0021**	−0.0021**	−0.0016**	−0.0016**	0.0002	0.0002	−0.001	−0.001
	(0.0014)	(0.0014)	(0.0005)	(0.0005)	(0.0003)	(0.0003)	(0.0001)	(0.0001)	(0.001)	(0.001)
月份虚拟变量	yes	yes	yes	yes	yes	yes	yes	yes	yes	yes
产品虚拟变量	yes	yes	yes	yes	yes	yes	yes	yes	yes	yes
观测量	16 294	14 993	16 302	16 997	547 007	538 113	547 007	538 113	12 484	11 561
R方	0.759	0.762	0.932	0.936	0.227	0.227	0.612	0.613	0.85	0.857

注：括号内为标准误差。* 和 ** 分别代表 5% 和 1% 水平上的统计显著性。

表 E4　稳健性检验，包含产品特定时间趋势

	(1)	(2)	(3)	(4)	(5)	(6)	(7)	(8)	(9)	(10)
模型设定	数量反应		广延边际		集约边际		价格反应		贸易偏转	
因变量	出口量对数		出口商数量对数		出口量对数		出口价格对数		出口量对数	
样本	全样本		全样本		幸存企业		幸存企业		全样本	
控制组	1	2	1	2	1	2	1	2	1	2
启动(β_1)	−0.001	−0.008	0.003	−0.001	−0.044	−0.044	−0.025	−0.025	0.029	0.017
	(0.141)	(0.140)	(0.039)	(0.039)	(0.040)	(0.040)	(0.016)	(0.016)	(0.117)	(0.117)
初步关税(β_2)	−0.0018*	−0.0018*	−0.0009*	−0.0008*	−0.0011**	−0.0011**	0.0001	0.0001	0.0014*	0.001
	(0.0008)	(0.0007)	(0.0004)	(0.0004)	(0.0002)	(0.0002)	(0.0001)	(0.0001)	(0.0007)	(0.001)
最终关税(β_3)	−0.0038**	−0.0038**	−0.0013*	−0.0013*	−0.0020**	−0.0020**	0.0001	0.0001	−0.001	−0.001
	(0.0014)	(0.0014)	(0.0006)	(0.0006)	(0.0004)	(0.0004)	(0.0001)	(0.0001)	(0.001)	(0.001)
月份虚拟变量	yes	yes	yes	yes	yes	yes	yes	yes	yes	yes
产品虚拟变量	yes	yes	yes	yes	yes	yes	yes	yes	yes	yes
产品时间趋势	yes	yes	yes	yes	yes	yes	yes	yes	yes	yes
观测量	16 294	14 993	16 302	14 997	547 007	568 113	547 007	538 113	12 484	11 561
R 方	0.796	0.798	0.944	0.947	0.229	0.229	0.613	0.615	0.883	0.888

注：括号内为标准误差。* 和 ** 分别代表 5% 和 1% 水平上的统计量显著性。

表 E5 稳健性检验，季度数据

	(1)	(2)	(3)	(4)	(5)	(6)	(7)	(8)	(9)	(10)
模型设定	数量反应		广延边际		集约边际		价格反应		贸易偏转	
因变量	出口量对数		出口商数量对数		出口量对数		出口价格对数		出口量对数	
样本	全样本		全样本		幸存企业		幸存企业		全样本	
控制组	1	2	1	2	1	2	1	2	1	2
启动(β_1)	−0.355	0.339	−0.009	−0.013	0.029	0.030	−0.019	−0.019	−0.482*	−0.506**
	(0.287)	(0.286)	(0.037)	(0.037)	(0.047)	(0.048)	(0.017)	(0.017)	(0.190)	(0.191)
初步关税(β_2)	−0.0028**	−0.0027**	−0.0007*	−0.0007*	−0.00005*	−0.00005*	0.0001*	0.0001*	−0.001	−0.0004
	(0.0009)	(0.0009)	(0.0003)	(0.0003)	(0.0002)	(0.0002)	(0.00006)	(0.00006)	(0.001)	(0.001)
最终关税(β_3)	−0.0070**	−0.0070**	−0.0015**	−0.0015**	−0.0013**	−0.0013**	0.0001	0.0001	−0.002	−0.001
	(0.0015)	(0.0015)	(0.0004)	(0.0004)	(0.0003)	(0.0003)	(0.0001)	(0.0001)	(0.001)	(0.001)
月份虚拟变量	yes	yes	yes	yes	yes	yes	yes	yes	yes	yes
产品虚拟变量	yes	yes	yes	yes	yes	yes	yes	yes	yes	yes
观测量	6 314	5 736	6 314	5 736	312 311	306 445	311 702	305 858	4 458	4 087
R方	0.78	0.784	0.957	0.959	0.202	0.202	0.591	0.593	0.857	0.865

注：括号内为标准误差。* 和 ** 分别代表 5% 和 1% 水平上的统计显著性。

表 E6

稳健性检验，排除异常值

模型设定	(1)	(2)	(3)	(4)	(5)	(6)	(7)	(8)	(9)	(10)
	数量反应		广延边际		集约边际		价格反应		贸易偏转	
因变量	出口量对数		出口商数量对数		出口量对数		出口价格对数		出口量对数	
样本	全样本		全样本		幸存企业		幸存企业		全样本	
控制组	1	2	1	2	1	2	1	2	1	2
启动(β_1)	0.272	0.258	0.095*	0.087*	−0.005	−0.004	−0.022	−0.022	−0.162	−0.197
	(0.164)	(0.163)	(0.040)	(0.040)	(0.035)	(0.036)	(0.015)	(0.016)	(0.128)	(0.131)
初步关税(β_2)	−0.0012*	−0.0013*	−0.00005*	−0.00005*	−0.00006**	−0.00006**	0.0002*	0.0002*	0.000	0.000
	(0.0006)	(0.0006)	(0.0002)	(0.0002)	(0.0002)	(0.0002)	(0.0001)	(0.0001)	(0.001)	(0.001)
最终关税(β_3)	−0.0019**	−0.0020**	−0.0003	0.0004	−0.0013**	−0.0014**	0.0002	0.0002	−0.001	−0.000
	(0.0006)	(0.0007)	(0.0002)	(0.0002)	(0.0003)	(0.0003)	(0.0001)	(0.0001)	(0.001)	(0.001)
月份虚拟变量	yes	yes	yes	yes	yes	yes	yes	yes	yes	yes
产品虚拟变量	yes	yes	yes	yes	yes	yes	yes	yes	yes	yes
观测量	15 827	14 595	15 834	14 599	531 400	522 784	531 400	522 784	12 173	11 290
R 方	0.771	0.773	0.933	0.936	0.257	0.256	0.623	0.625	0.855	0.862

注：括号内为标准误差。* 和 ** 分别代表 5% 和 1% 水平上的统计显著性。

表 E7　稳健性检验，包括未成功和撤回的个案

模型设定	(1)	(2)	(3)	(4)	(5)	(6)	(7)	(8)	(9)	(10)
	数量反应		广延边际		集约边际		价格反应		贸易偏转	
因变量	出口量对数		出口商数量对数		出口量对数		出口价格对数		出口量对数	
样本	全样本		全样本		幸存企业		幸存企业		全样本	
控制组	1	2	1	2	1	2	1	2	1	2
启动(β_1)	0.003	−0.010	0.008	0.009	−0.008	−0.006	−0.031*	−0.033*	−0.024*	−0.220*
	(0.110)	(0.110)	(0.024)	(0.024)	(0.044)	(0.044)	(0.013)	(0.015)	(0.090)	(0.091)
初步关税(β_2)	−0.002 7*	−0.002 7*	−0.000 8*	−0.000 8*	−0.000 2	−0.000 2	−0.000 1	−0.000 1	0.000	0.000
	(0.000 7)	(0.000 7)	(0.000 2)	(0.000 2)	(0.000 2)	(0.000 2)	(0.000 1)	(0.000 1)	(0.001)	(0.001)
最终关税(β_3)	−0.005 5**	−0.005 5**	−0.001 6**	−0.001 6**	−0.000 2	−0.000 2	−0.000 2	−0.000 2	−0.000	−0.000
	(0.001 2)	(0.001 2)	(0.000 4)	(0.000 4)	(0.000 4)	(0.000 4)	(0.000 2)	(0.000 2)	(0.001)	(0.001)
月份虚拟变量	yes	yes	yes	yes	yes	yes	yes	yes	yes	yes
产品虚拟变量	yes	yes	yes	yes	yes	yes	yes	yes	yes	yes
观测量	22 823	20 373	22 823	20 373	909 293	884 678	906 737	882 169	19 491	17 317
R方	0.765	0.769	0.95	0.953	0.205	0.205	0.531	0.532	0.855	0.858

注：括号内为标准误差。* 和 ** 分别代表 5% 和 1% 水平上的统计显著性。

表 E8　稳健性检验，排除其他国家调查的反倾销案件

	(1)	(2)	(3)	(4)	(5)	(6)	(7)	(8)	(9)	(10)
模型设定	数量反应		广延边际		集约边际		价格反应		贸易偏转	
因变量	出口量对数		出口商数量对数		出口量对数		出口价格对数		出口量对数	
样本	全样本		全样本		幸存企业		幸存企业		全样本	
控制组	1	2	1	2	1	2	1	2	1	2
启动(β_1)	−0.167	−0.193	−0.003	−0.009	−0.014	−0.014	−0.024	−0.024	−0.165	−0.200
	(0.142)	(0.140)	(0.042)	(0.041)	(0.040)	(0.040)	(0.016)	(0.016)	(0.113)	(0.119)
初步关税(β_2)	−0.0021**	−0.0021**	−0.0010**	−0.0010**	−0.0008**	−0.0008**	0.0002*	0.0002*	0.000	0.000
	(0.0007)	(0.0007)	(0.0003)	(0.0003)	(0.0002)	(0.0002)	(0.0001)	(0.0001)	(0.001)	(0.001)
最终关税(β_3)	−0.0046**	−0.0047**	−0.0019**	−0.0019**	−0.0015**	−0.0015**	0.0002	0.0002	−0.001	−0.001
	(0.0011)	(0.0011)	(0.0005)	(0.0005)	(0.0003)	(0.0003)	(0.0001)	(0.0001)	(0.001)	(0.001)
月份虚拟变量	yes	yes	yes	yes	yes	yes	yes	yes	yes	yes
产品虚拟变量	yes	yes	yes	yes	yes	yes	yes	yes	yes	yes
观测量	14 425	13 277	14 431	13 280	543 567	534 818	543 567	534 818	11 608	10 717
R方	0.781	0.785	0.935	0.937	0.224	0.223	0.611	0.613	0.856	0.864

注：括号内为标准误差。*和**分别代表5%和1%水平上的统计显著性。

表 E9　不包括加工贸易的稳健性检验

	(1)	(2)	(3)	(4)	(5)	(6)	(7)	(8)	(9)	(10)
模型设定	数量反应		广延边际		集约边际		价格反应		贸易偏转	
因变量	出口量对数		出口商数量对数		出口量对数		出口价格对数		出口量对数	
样本	全样本		全样本		幸存企业		幸存企业		全样本	
控制组	1	2	1	2	1	2	1	2	1	2
启动(β_1)	0.046	0.037	0.023	0.019	0.010	0.010	−0.021	−0.021	−0.084	−0.111
	(0.174)	(0.174)	(0.032)	(0.032)	(0.042)	(0.042)	(0.015)	(0.015)	(0.182)	(0.186)
初步关税(β_2)	−0.003**	−0.003**	−0.001**	−0.001**	−0.001*	−0.000*	0.000*	0.000*	−0.000	−0.000
	(0.001)	(0.001)	(0.000)	(0.000)	(0.000)	(0.000)	(0.000)	(0.000)	(0.001)	(0.001)
最终关税(β_3)	−0.005**	−0.005**	−0.001**	−0.001**	−0.001**	−0.001**	0.000	0.000	−0.001	−0.001
	(0.001)	(0.001)	(0.001)	(0.001)	(0.000)	(0.000)	(0.000)	(0.000)	(0.001)	(0.001)
月份虚拟变量	yes	yes	yes	yes	yes	yes	yes	yes	yes	yes
产品虚拟变量	yes	yes	yes	yes	yes	yes	yes	yes	yes	yes
观测量	14 818	13 720	14 818	13 720	359 944	354 771	359 611	354 441	11 101	10 476
R方	0.777	0.778	0.953	0.956	0.281	0.281	0.612	0.613	0.833	0.841

注：括号内为标准误差。* 和 ** 分别代表 5% 和 1% 水平上的统计显著性。

表 E10 不包括外国公司的稳健性检验

	(1)	(2)	(3)	(4)	(5)	(6)	(7)	(8)	(9)	(10)
模型设定	数量反应		广延边际		集约边际		价格反应		贸易偏转	
因变量	出口量对数		出口商数量对数		出口量对数		出口价格对数		出口量对数	
样本	全样本		全样本		幸存企业		幸存企业		全样本	
控制组	1	2	1	2	1	2	1	2	1	2
启动(β_1)	−0.023	−0.019	0.017	0.015	0.014	0.015	−0.017	−0.017	−0.262*	−0.304*
	(0.174)	(0.173)	(0.033)	(0.033)	(0.052)	(0.052)	(0.019)	(0.019)	(0.136)	(0.141)
初步关税(β_2)	−0.003**	−0.003**	−0.001**	−0.001**	−0.000	−0.000	0.000	0.000	−0.001	−0.001
	(0.001)	(0.001)	(0.000)	(0.000)	(0.000)	(0.000)	(0.000)	(0.000)	(0.001)	(0.001)
最终关税(β_3)	−0.006**	−0.006**	−0.002**	−0.002**	−0.001**	−0.001**	0.000	0.000	−0.000	−0.000
	(0.001)	(0.001)	(0.001)	(0.001)	(0.000)	(0.000)	(0.000)	(0.000)	(0.001)	(0.001)
月份虚拟变量	yes	yes	yes	yes	yes	yes	yes	yes	yes	yes
产品虚拟变量	yes	yes	yes	yes	yes	yes	yes	yes	yes	yes
观测量	14 996	13 812	14 996	13 812	139 881	313 922	319 881	313 922	11 197	10 483
R方	0.746	0.748	0.944	0.947	0.247	0.246	0.563	0.563	0.863	0.871

注：括号内为标准误差。* 和 ** 分别代表 5% 和 1% 水平上的统计显著性。

表 E11　稳健性检验，包括与同一 HS6 位数产品数量的交互作用

模型设定	(1) 数量反应 出口量对数 全样本		(2) 数量反应 出口量对数 全样本		(3) 广延边际 出口商数量对数 全样本		(4) 广延边际 出口商数量对数 全样本		(5) 集约边际 出口量对数 幸存企业		(6) 集约边际 出口量对数 幸存企业		(7) 价格反应 出口价格对数 幸存企业		(8) 价格反应 出口价格对数 幸存企业		(9) 贸易偏转 出口量对数 全样本		(10) 贸易偏转 出口量对数 全样本	
因变量																				
样本																				
控制组	1	2	1	2	1	2	1	2	1	2	1	2	1	2	1	2	1	2	1	2
启动(β_1)	−0.120		−0.136		−0.053		−0.056		0.034		0.035		−0.078**		−0.080**		−0.017		−0.257	
	(0.217)		(0.216)		(0.049)		(0.049)		(0.056)		(0.056)		(0.021)		(0.021)		(0.219)		(0.224)	
初步关税(β_2)	−0.002		−0.002		−0.001*		−0.001*		−0.001*		−0.000*		0.000		0.000		−0.002		−0.002	
	(0.001)		(0.001)		(0.001)		(0.001)		(0.000)		(0.000)		(0.000)		(0.000)		(0.001)		(0.001)	
最终关税(β_3)	−0.006**		−0.006**		−0.003**		−0.003**		−0.001**		−0.001**		−0.000		−0.000		0.003		0.003	
	(0.002)		(0.002)		(0.001)		(0.001)		(0.000)		(0.000)		(0.000)		(0.000)		(0.002)		(0.002)	
启动(β_1)×hs 产品数量	0.071		0.070		0.022		0.021		−0.030		−0.031		0.035**		0.036**		0.003		0.031	
	(0.062)		(0.061)		(0.019)		(0.019)		(0.021)		(0.021)		(0.012)		(0.012)		(0.067)		(0.066)	
初步关税(β_2)×hs 产品数量	−0.000 4		−0.000 4		−0.000 0		0.000 0		−0.000 2		−0.000 2		−0.000 1		0.000 1		0.001*		−0.001*	
	(0.000 5)		(0.000 5)		(0.000 3)		(0.000 3)		(0.000 1)		(0.000 1)		(0.000 1)		(0.000 1)		(0.000)		(0.000)	
最终关税(β_3)×hs 产品数量	−0.000 1		−0.000 0		−0.000 2		−0.000 2		−0.000 3		−0.000 3		0.000 3		0.000 3		−0.003**		−0.002**	
	(0.000 8)		(0.000 8)		(0.000 4)		(0.000 4)		(0.000 2)		(0.000 2)		(0.000 2)		(0.000 2)		(0.001)		(0.001)	
月份虚拟变量	yes	yes	yes	yes	yes	yes	yes	yes	yes	yes	yes	yes	yes	yes	yes	yes	yes	yes	yes	yes
产品虚拟变量	yes	yes	yes	yes	yes	yes	yes	yes	yes	yes	yes	yes	yes	yes	yes	yes	yes	yes	yes	yes
观测量	16 253		14 968		16 261		14 972		546 959		538 091		546 959		538 091		12 426		11 549	
R 方	0.759		0.762		0.932		0.936		0.227		0.227		0.612		0.613		0.852		0.857	

注：括号内为标准误差。* 和 *** 分别代表 5% 和 1% 水平上的统计显著性。

附　录　107

表 E12　　稳健性检验，保障措施

模型设定	(1)	(2)	(3)	(4)	(5)	(6)	(7)	(8)
	数量反应		广延边际		集约边际		价格反应	
因变量	出口量对数		出口商数量对数		出口量对数		出口价格对数	
样本	全样本		全样本		幸存企业		幸存企业	
控制组	1	2	1	2	1	2	1	2
启动(β_1)	−0.004	−0.021	0.016	−0.021	−0.012	−0.012	−0.024	−0.024
	(0.158)	(0.158)	(0.037)	(0.037)	(0.040)	(0.040)	(0.016)	(0.016)
初步关税(β_4)	−0.002 7**	−0.002 8**	−0.001 2**	−0.001 2**	−0.000 8**	−0.000 8**	0.000 2*	0.000 2*
	(0.000 7)	(0.000 7)	(0.000 3)	(0.000 3)	(0.000 2)	(0.000 2)	(0.000 1)	(0.000 1)
最终关税(β_5)	−0.006 0**	−0.006 0**	−0.002 2**	−0.002 2**	−0.001 5**	−0.001 6**	0.000 2	0.000 2
	(0.001 3)	(0.001 3)	(0.000 5)	(0.000 5)	(0.000 3)	(0.000 3)	(0.000 1)	(0.000 1)
保障措施	0.103	0.111	0.009	0.000	0.171**	0.171**	0.038	0.038
	(0.089)	(0.095)	(0.052)	(0.056)	(0.044)	(0.044)	(0.030)	(0.030)
月份虚拟变量	yes	yes	yes	yes	yes	yes	yes	yes
产品虚拟变量	yes	yes	yes	yes	yes	yes	yes	yes
观测量	16 294	14 993	16 302	14 997	547 007	538 113	547 007	538 113
R 方	0.759	0.762	0.932	0.936	0.227	0.227	0.612	0.613

注：括号内为标准误差。* 和 ** 分别代表 5% 和 1% 水平上的统计显著性。

表 E13　稳健性检验，包括中国的进口关税税率

	(1)	(2)	(3)	(4)	(5)	(6)	(7)	(8)	(9)	(10)
模型设定	数量反应		广延边际		集约边际		价格反应		贸易偏转	
因变量	出口量对数		出口商数量对数		出口量对数		出口价格对数		出口量对数	
样本	全样本		全样本		幸存企业		幸存企业		全样本	
控制组	1	2	1	2	1	2	1	2	1	2
启动 (β_1)	0.093	0.088	0.017	0.018	−0.018	−0.019	−0.026	−0.026	−0.147	−0.150
	(0.167)	(0.165)	(0.042)	(0.041)	(0.042)	(0.042)	(0.017)	(0.017)	(0.126)	(0.125)
初步关税 (β_2)	−0.0030**	−0.0030**	−0.0012**	−0.0012**	−0.00008**	−0.00008**	0.0002*	0.0002*	0.001	0.001
	(0.0008)	(0.0008)	(0.0003)	(0.0003)	(0.0002)	(0.0002)	(0.0001)	(0.0001)	(0.001)	(0.001)
最终关税 (β_3)	−0.0066**	−0.0067**	−0.0022**	−0.0022**	−0.0016**	−0.0016**	0.0002	0.0002	−0.001	−0.000
	(0.0014)	(0.0014)	(0.0005)	(0.0005)	(0.0003)	(0.0004)	(0.0001)	(0.0001)	(0.001)	(0.001)
进口关税税率	0.024	0.039	0.004	0.005	0.007	0.011	−0.006	−0.007	0.047*	0.042*
	(0.023)	(0.023)	(0.008)	(0.008)	(0.007)	(0.006)	(0.004)	(0.004)	(0.020)	(0.021)
月份虚拟变量	yes	yes	yes	yes	yes	yes	yes	yes	yes	yes
产品虚拟变量	yes	yes	yes	yes	yes	yes	yes	yes	yes	yes
观测量	14 151	12 996	14 158	12 999	498 968	490 818	498 968	490 818	10 846	10 018
R 方	0.761	0.764	0.935	0.938	0.223	0.246	0.612	0.614	0.852	0.858

注：括号内为标准误差。* 和 ** 分别代表 5% 和 1% 水平上的统计显著性。

表 E14 稳健性检验，包括与进口需求弹性的交互作用

模型设定	(1)	(2)	(3)	(4)	(5)	(6)	(7)	(8)	(9)	(10)
因变量	数量反应 出口量对数		广延边际 出口商数量对数		集约边际 出口量对数		价格反应 出口价格对数		贸易偏转 出口量对数	
样本	全样本		全样本		幸存企业		幸存企业		全样本	
控制组	1	2	1	2	1	2	1	2	1	2
启动(β_1)	−0.025	−0.260	−0.048	−0.052	0.003	0.002	−0.040*	−0.040*	−0.403**	−0.438**
	(0.172)	(0.170)	(0.041)	(0.041)	(0.048)	(0.048)	(0.017)	(0.018)	(0.136)	(0.152)
初步关税(β_2)	−0.002	−0.002	−0.001**	−0.001**	−0.001**	−0.001**	0.000*	0.000*	−0.000	−0.000
	(0.001)	(0.001)	(0.000)	(0.000)	(0.000)	(0.000)	(0.000)	(0.000)	(0.001)	(0.001)
最终关税(β_3)	−0.005**	−0.006**	−0.002**	−0.002**	−0.002**	−0.002**	0.000	0.000	−0.003**	−0.003**
	(0.002)	(0.002)	(0.001)	(0.001)	(0.001)	(0.001)	(0.000)	(0.000)	(0.001)	(0.001)
启动(β_1)×进口需求弹性	0.041*	0.041*	0.002	0.002	−0.005	−0.005	0.005**	0.005**	0.028	0.027
	(0.019)	(0.019)	(0.003)	(0.003)	(0.003)	(0.003)	(0.001)	(0.001)	(0.015)	(0.014)
初步关税(β_2)×进口需求弹性	−0.000	−0.000	−0.000	−0.000	0.000*	0.000*	0.000	0.000	0.000	−0.000
	(0.000)	(0.00)	(0.000)	(0.000)	(0.000)	(0.000)	(0.000)	(0.000)	(0.000)	(0.000)
最终关税(β_3)×进口需求弹性	−0.000	−0.000	0.000	0.000	0.000	0.000	0.000	0.000	0.001**	0.001**
	(0.000)	(0.000)	(0.000)	(0.000)	(0.000)	(0.000)	(0.000)	(0.000)	(0.000)	(0.000)
月份虚拟变量	yes	yes	yes	yes	yes	yes	yes	yes	yes	yes
产品虚拟变量	yes	yes	yes	yes	yes	yes	yes	yes	yes	yes
观测量	14 256	13 159	14 264	13 163	433 413	426 250	433 413	426 250	10 577	9 777
R方	0.758	0.761	0.927	0.931	0.209	0.207	0.505	0.505	0.861	0.865

注：括号内为标准误差。* 和 ** 分别代表 5% 和 1% 水平上的统计显著性。

表 E15　反倾销调查对退出可能性的影响，单一产品直接出口商（完全单一，在其他国家市场也是单一）与多种产品直接出口商比较

Dependent Variable	1	2	3
		exit	
出口量对数	−0.052**	−0.053	−0.047**
	(0.007)	(0.007)	(0.005)
Single-product firms		0.174+	0.232+
		(0.101)	(0.120)
最终关税			0.000 3
			(0.001)
Product fixed effects	yes	yes	yes
观测量	7 037	7 037	3 065
伪 R 方	0.035	0.036	0.052

注：括号内为标准误差。* 和 ** 分别代表 5% 和 1% 水平上的统计显著性。

附录 F

表 F1.A　全样本产品描述性统计

7 747（处理组出口商 4 688；控制组出口商 3 059）

No. of firms	Before 处理组 均值 (1)	Before 控制组 均值 (2)	Before T检验 (3)	After 处理组 均值 (4)	After 控制组 均值 (5)	After T检验 (6)
所有其他产品						
出口值	12.089 (4.020)	12.317 (2.239)	−3.399***	12.500 (3.944)	12.990 (2.405)	−10.890***
产品数量	1.879 (1.114)	1.362 (0.600)	27.938***	2.010 (1.165)	1.792 (0.814)	15.874***
熵	1.011 (0.884)	0.521 (0.539)	32.929***	1.081 (0.920)	0.817 (0.722)	23.508***
加权复杂度	7.818 (1.327)	8.737 (0.969)	−39.787***	7.684 (1.355)	8.113 (1.178)	−24.935***

续表

7 747（处理组出口商 4 688；控制组出口商 3 059）

No. of firms	Before 处理组 均值 (1)	Before 控制组 均值 (2)	Before T检验 (3)	After 处理组 均值 (4)	After 控制组 均值 (5)	After T检验 (6)
加权上游度	0.393 (0.360)	0.619 (0.374)	−33.480***	0.359 (0.354)	0.421 (0.338)	−13.313***
所有原有产品						
出口值	12.088 (4.022)	12.316 (2.239)	−3.407***	11.651 (4.938)	12.953 (2.317)	−19.358***
产品数量	1.879 (1.114)	1.362 (0.600)	27.939***	1.411 (0.975)	1.166 (0.495)	18.292***

注：所有产品（All products）的出口值（Export value）均指所有其他产品的出口值（反倾销涉及的产品除外）；所有产品的产品数（Number of products）是指所有其他产品的数量，按 HS-6 位数计算；熵（Entropy）是 Baldwin 和 Gu（2009）使用的所有其他产品的企业多样化指数的一种度量，它捕捉了一个企业的出口产品向其最大但不是最小出口产品倾斜的程度（Bernard et al, 2011）。复杂度指数来自 Jarreau 和 Poncet（2012），这里的加权复杂度（Weighted Sophistication）是所有其他产品的价值加权复杂度。原始上游数据来自 Antras 等人（2012 年），这里的加权上游度（Weighted Upstreamness）是所有其他产品的价值加权上游。原有产品（Pre-existing products）是指所有原有产品的出口值（反倾销产品除外）。原有产品数量（Number of products）是指所有原有产品（反倾销产品除外）的数量，以 HS-6 计算。标准误差在括号中报告。*** 代表 1% 水平的统计显著性。

表 F1.B 类别 1 样本产品描述性统计

	Before			After		
	(1) 处理组 均值	(2) 控制组 均值	(3) T检验	(4) 处理组 均值	(5) 控制组 均值	(6) T检验
所有其他产品						
出口值	8.564	5.532	27.630***	9.280	7.995	16.280***
	(5.910)	(5.963)		(5.809)	(6.014)	
产品数量	1.258	0.572	25.590***	1.395	1.032	24.630***
	(1.145)	(0.701)		(1.198)	(0.955)	
熵	0.601	0.189	31.090***	0.667	0.438	22.370***
	(0.808)	(0.392)		(0.851)	(0.633)	
所有原有产品						
出口值	8.563	5.531	27.635***	7.704	5.657	19.748***
	(5.910)	(5.963)		(6.455)	(6.400)	
产品数量	1.258	0.572	35.596***	0.878	0.473	29.911***
	(1.145)	(0.701)		(0.953)	(0.595)	

注：所有产品(All products)的出口值(Export value)均指产业类别 1 中所有其他产品的出口值(反倾销涉及的产品除外)；所有产品的产品数(Number of products)是指产业类别 1 中所有其他产品的数量。熵(Entropy)是 Baldwin 和 Gu(2009)使用的产业类别 1 中所有其他产品的企业多样化指数的一种度量，它捕捉了一个企业的出口产品向其最大出口产品倾斜的程度(Bernard et al, 2011)。原有产品(Pre-existing products)的出口值(Export value)是指产业类别 1 中所有原有产品的出口值(反倾销产品除外)。原有产品数量(Number of products)是指产业类别 1 中所有原有产品(反倾销产品除外)的数量，以 HS-6 计算。标准误差在括号中报告。*** 代表 1%水平的统计显著性。

表 F1.C 类别 2 样本产品描述性统计

	Before			After		
	(1) 处理组 均值	(2) 控制组 均值	(3) T 检验	(4) 处理组 均值	(5) 控制组 均值	(6) T 检验
所有其他产品						
出口值	9.987 (5.472)	7.680 (5.842)	24.461***	10.453 (5.337)	8.940 (5.586)	24.163***
产品数量	1.652 (1.279)	0.880 (0.797)	38.530***	1.790 (1.304)	1.222 (0.936)	41.785***
熵	0.850 (0.934)	0.338 (0.522)	35.386***	0.929 (0.973)	0.541 (0.655)	38.929***
所有原有产品						
出口值	9.283 (5.890)	6.876 (6.191)	19.317***	8.339 (6.496)	6.406 (6.473)	16.772***
产品数量	1.362 (1.187)	0.708 (0.737)	29.076***	1.071 (1.098)	0.597 (0.689)	26.898***

注：所有产品（All products）的出口值（Export value）均指产业类别 2 中所有其他产品的出口值（反倾销涉及的产品除外）；所有产品的产品数（Number of products）是指产业类别 2 中所有其他产品的数量，按 HS-6 位数计算；熵（Entropy）是 Baldwin 和 Gu（2009）使用的产业类别 2 中所有其他产品的企业多样化的一种度量，它捕捉了一个企业的出口产品向其最大而不是最小出口产品倾斜的程度（Bernard et al. 2011）。原有产品（Pre-existing products）的出口值（Export value）是指产业类别 2 中所有原有产品的出口值（反倾销产品除外）。原有产品数量（Number of products）是指产业类别 2 中所有原有产品（反倾销产品除外）的数量，以 HS-6 计算。标准误差在括号中报告。*** 代表 1% 水平的统计显著性。

表 F1.D　类别 3 样本产品描述性统计

	Before				Afte	
	处理组 (1) 均值	控制组 (2) 均值	T检验 (3)	处理组 (4) 均值	控制组 (5) 均值	T检验 (6)
所有其他产品						
出口值	9.036 (4.970)	10.188 (2.744)	−15.874***	9.470 (4.808)	10.048 (3.593)	−11.156***
产品数量	1.254 (0.907)	0.937 (0.351)	24.394***	1.317 (0.878)	1.101 (0.514)	23.717***
熵	0.088 (0.171)	0.110 (0.201)	−7.517***	0.124 (0.213)	0.140 (0.2180)	−6.334***
所有原有产品						
出口值	8.423 (5.251)	9.984 (2.894)	−20.362***	7.776 (6.085)	11.124 (2.823)	−35.255***
产品数量	1.068 (0.854)	0.854 (0.291)	17.626***	0.866 (0.848)	0.843 (0.284)	1.748*

注：所有产品(All products)的出口值(Export value)均指产业类别 3 中所有其他产品的出口值(反倾销涉及的产品除外)；所有产品的产品数(Number of products)是指产业类别 3 中所有其他产品的数量，按 HS-6 位数计算；熵(Entropy)是 Baldwin 和 Gu(2009)使用的产业类别 3 中所有其他产品的企业多样化指数的一种度量，它捕捉了一个企业的出口产品向其最大而不是最小出口产品倾斜的程度(Bernard et al.2011)。原有产品(Pre-existing products)的出口值(Export value)是指产业类别 3 中所有原有产品的出口值(反倾销产品除外)。原有产品数量(Number of products)是指产业类别 3 中所有原有产品(反倾销产品除外)的数量，以 HS-6 计算。标准误差在括号中报告。*** 和 * 分别代表 1% 和 10% 水平的统计显著性。

表 F2 稳健性检验：更换政策实施时间

模型设定	(1) 所有其他产品 出口值	(2) 产品数量	(3) 熵	(4) 所有原有产品 出口值	(5) 产品数量
因变量					
反倾销	0.080	−0.041***	−0.058***	−0.477***	−0.297***
	(0.055)	(0.014)	(0.011)	(0.050)	(0.011)
观测量	37 235	37 235	37 235	31 128	31 128
类别 1					
反倾销	−0.076	−0.026*	−0.023**	−0.535***	−0.257***
	(0.079)	(0.013)	(0.010)	(0.069)	(0.011)
观测量	37 235	37 235	37 235	31 128	31 128
类别 2					
反倾销	−0.013	−0.011	−0.004	−0.538***	−0.225***
	(0.073)	(0.015)	(0.014)	(0.073)	(0.011)
观测量	50 931	50 931	50 931	26 344	26 344
类别 3					
反倾销	0.329***	0.029***	0.006**	−0.469***	−0.075***
	(0.045)	(0.006)	(0.003)	(0.055)	(0.006)
观测量	62 101	62 101	62 101	41 626	41 626

注：所有产品的出口值指所有其他产品的出口值（涉及反倾销的产品除外），所有其他产品的产品数指每一类别中所有其他产品的数量，按 HS-6 位数计算；熵是 Baldwin 和 Gu(2009) 使用的产品倾斜度（Bernard et al,2011）。原已存在产品的出口值指所有原已存在产品（反倾销产品除外）的出口值。原已存在产品的产品数量指每一类别中所有原已存在产品的数量，以 HS-6 计算。它捕捉了一个企业的出口向其最大而不是最小出口产品倾斜的程度。我们在所有回归中控制了公司和年度固定效应。对于第一类和第二类回归，我们控制了行业固定效应。标准误差在括号中报告。***，** 和 * 分别代表 1%，5% 和 10%水平的统计显著性。

表 F3

稳健性检验：去除异常值

模型设定	(1) 所有其他产品	(2)	(3) 熵	(4) 所有原有产品	(5)
	出口值	产品数量		出口值	产品数量
	Overall				
因变量					
反倾销	0.111*	−0.031**	−0.049***	−0.473***	−0.287***
	(0.057)	(0.014)	(0.011)	(0.052)	(0.011)
观测量	34 525	34 525	34 525	30 497	30 497
类别 1					
反倾销	−0.075	−0.023*	−0.017*	−0.540***	−0.244***
	(0.083)	(0.014)	(0.010)	(0.071)	(0.011)
观测量	34 525	34 525	34 525	30 497	30 497
类别 2					
反倾销	0.024	−0.003	0.001	−0.540***	−0.225***
	(0.052)	(0.009)	(0.007)	(0.074)	(0.011)
观测量	47 626	47 626	47 626	25 923	25 923
类别 3					
反倾销	0.336***	0.028***	0.004	−0.476***	−0.077***
	(0.047)	(0.007)	(0.002)	(0.055)	(0.006)
观测量	60 486	60 486	60 486	41 068	41 068

注：所有产品的出口值指所有其他产品的出口值（涉及反倾销的产品除外），所有产品的产品数指每一类别中所有其他产品的数量，按 HS-6 位数计算；熵是 Baldwin 和 Gu(2009)使用类别每个类别中所有其他产品的衡量指标，它捕捉了一个企业的出口产品向其最大而不是最小出口产品倾斜的程度（Bernard et al, 2011）。原已存在产品的出口值指所有原已存在产品（反倾销产品除外）的出口值，原已存在产品的数量指每一类别中所有原已存在产品的数量，以 HS-6 计算。我们在所有回归中控制了公司和年度固定效应。对于第二类和第三类回归，我们控制了行业固定效应。标准误差在括号中报告。***，** 和 * 分别代表 1%，5% 和 10%水平的统计显著性。

表 F4　稳健性检验：匹配控制组 1

模型设定	(1) 所有其他产品 出口值	(2) 产品数量	(3) 熵	(4) 所有原有产品 出口值	(5) 产品数量
类别 1					
反倾销	0.086 (0.055)	−0.039*** (0.014)	−0.057*** (0.011)	−0.475*** (0.051)	−0.297*** (0.011)
观测量	36 665	36 665	36 665	31 006	31 006
类别 2					
反倾销	−0.062 (0.079)	−0.024* (0.013)	−0.022** (0.010)	−0.532*** (0.070)	−0.256*** (0.011)
观测量	36 665	36 665	36 665	31 006	31 006
类别 3					
反倾销	−0.036 (0.052)	−0.002 (0.009)	−0.004 (0.007)	−0.540*** (0.073)	−0.225*** (0.011)
观测量	49 432	49 432	49 432	26 307	26 307
反倾销	0.340*** (0.047)	0.029*** (0.007)	0.006** (0.003)	−0.477*** (0.055)	−0.084*** (0.006)
观测量	60 073	60 073	60 073	40 724	40 724

注：所有产品的出口值指所有产品的出口值（涉反倾销的产品除外），所有产品的产品数指每一类别中所有其他产品的数量，按 HS-6 位数计算；熵是 Baldwin 和 Gu(2009) 使用的衡量每个类别中所有其他产品多样化程度的指标，它捕捉了一个企业的出口产品向其最大产品的数量倾斜的程度(Bernard et al,2011)。原已存在产品的出口值指所有原已存在产品（反倾销产品除外）的出口值。原已存在产品的数量指每一类别中所有原已存在产品的数量，以 HS-6 计算。我们在所有回归中控制了公司和年度固定效应。对于第二类和第三类回归，而不是最小出口产品的数量。标准误差在括号中报告。***, ** 和 * 分别代表 1%, 5% 和 10% 水平的统计显著性。

表 F5　稳健性检验：匹配控制组 2

模型设定	(1) 所有其他产品 出口值	(2) 产品数量	(3) 熵	(4) 所有原产品 出口值	(5) 产品数量
因变量					
反倾销	0.070	−0.041**	−0.054***	−0.351***	−0.312***
	(0.052)	(0.015)	(0.012)	(0.050)	(0.012)
观测量	32 321	32 321	32 321	27 412	27 412
类别 1					
反倾销	−0.023	−0.024*	−0.024**	−0.532***	−0.276***
	(0.084)	(0.015)	(0.015)	(0.074)	(0.012)
观测量	32 321	32 321	32 321	27 412	27 412
类别 2					
反倾销	0.007	−0.004	0.005	−0.593***	−0.244***
	(0.052)	(0.009)	(0.008)	(0.077)	(0.012)
观测量	45 343	45 343	45 343	23 575	23 575
类别 3					
反倾销	0.359***	0.030***	0.007***	−0.419***	−0.075***
	(0.047)	(0.007)	(0.003)	(0.057)	(0.007)
观测量	55 895	55 895	55 895	37 289	37 289

注：所有产品的出口值指所有其他产品的出口值（涉及反倾销的产品除外），所有产品的产品数量指每一类别中所有其他产品的数量，按 HS–6 位数计算；熵是 Baldwin 和 Gu(2009)使用每个类别中所有其他产品的衡量每个类别的产品多样化指数的指标，它捕捉了一个企业向其最大的出口产品倾斜的程度(Bernard et al,2011)。原已存在产品的出口值指所有已存在产品（反倾销产品除外）的出口值。原已存在产品的数量指每一类别中所有原已存在产品的数量，以 HS–6 计算。我们在所有回归中控制了公司和年度固定效应。对于第二类和第三类回归，我们控制了行业固定效应。标准误差在括号中报告。***，** 和 * 分别代表 1%，5% 和 10%水平的统计显著性。

表 F6 稳健性检验：控制技术进步

模型设定	(1) 所有其他产品	(2)	(3)	(4) 所有原有产品	(5)
因变量	出口值	产品数量	熵	出口值	产品数量
类别 1					
反倾销	0.086 (0.055)	−0.039*** (0.014)	−0.057*** (0.011)	−0.473*** (0.051)	−0.296*** (0.011)
技术进口	−0.161* (0.091)	0.016 (0.023)	0.007 (0.020)	−0.089 (0.093)	−0.024 (0.020)
观测量	37 235	37 235	37 235	31 130	31 130
类别 2					
反倾销	−0.068 (0.079)	−0.025* (0.014)	−0.022** (0.010)	−0.535*** (0.070)	−0.255*** (0.011)
技术进口	−0.040 (0.125)	0.024 (0.022)	0.022 (0.017)	−0.075 (0.124)	0.022 (0.019)
观测量	37 235	37 235	37 235	31 130	31 130
反倾销	0.035 (0.051)	−0.002 (0.009)	0.003 (0.007)	−0.537*** (0.073)	−0.225*** (0.011)

续表

模型设定	(1) 所有其他产品 出口值	(2) 产品数量	(3) 熵	(4) 所有原有产品 出口值	(5) 产品数量
因变量					
技术进口	−0.043 (0.128)	0.021 (0.028)	0.039 (0.025)	−0.158 (0.136)	−0.024 (0.022)
观测量	50 931	50 931	50 931	26 344	26 344
类别 3					
反倾销	0.330*** (0.045)	0.029*** (0.006)	0.006** (0.003)	−0.468*** (0.055)	−0.075*** (0.006)
技术进口	−0.256** (0.127)	−0.013 (0.026)	−0.000 (0.005)	−0.420*** (0.144)	−0.043* (0.025)
观测量	62 101	62 101	62 101	41 629	41 629

注：所有产品的出口值指每一类别中所有其他产品（反倾销涉及的产品除外）的出口值；所有产品的产品数是指每一类别中所有其他产品的数量，按 HS-6 位数计算；熵是 Baldwin 和 Gu(2009)使用的衡量每个类别中所有其他产品多样化程度的指标，它捕捉了一个企业的出口产品向其最大而不是最小出口产品倾斜的程度(Bernard et al.,2011)。原有产品的出口值指每一类别中所有原有产品(反倾销产品除外)的出口值。原有产品数量是指所有原有产品(反倾销产品除外)的数量。技术进口是每家公司每年技术产品进口总额与总进口额的比率。我们在所有回归中控制了公司和年度固定效应。对于第二类第三类和第三类回归,我们控制了行业固定效应。标准误差在括号中报告。***、** 和 * 分别代表 1%、5%和 10%水平的统计显著性。

表 F7　稳健性检验：去除单一部门企业

因变量	类别 1			类别 2			类别 3		
	(1)	(2)	(3)	(4)	(5)	(6)	(7)	(8)	(9)
	出口值	产品数量	熵	出口值	产品数量	熵	出口值	产品数量	熵
反倾销	−0.129	−0.038**	−0.030**	0.019	−0.007	0.001	0.362***	0.033***	0.007**
	(0.094)	(0.016)	(0.012)	(0.056)	(0.009)	(0.008)	(0.049)	(0.007)	(0.003)
企业固定效应	Yes	Yes	Yes	Yes	Yes	Yes	Yes	Yes	Yes
年份固定效应	Yes	Yes	Yes	Yes	Yes	Yes	Yes	Yes	Yes
行业固定效应	No	No	No	Yes	Yes	Yes	Yes	Yes	Yes
观测量	31 217	31 217	31 217	46 024	46 024	46 024	59 242	59 242	59 242

注：出口值指每一类别中所有其他产品（反倾销产品除外）的出口值；产品数量是指每一类别中所有其他产品的数量，按 HS−6 计算；熵是 Baldwin 和 Gu(2009) 使用的衡量每个类别每一类别中所有其他产品的企业多样化指数的指标，它捕捉了一个企业的出口产品向其最大而不是最小出口产品倾斜的程度(Bernard et al,2011)。标准误差在括号中报告。*** 和 ** 分别代表 1% 和 5% 水平的统计显著性。

表 F8　反倾销措施对企业出口产品范围、出口价值的影响（加工贸易与一般贸易相比）

样本	(1)	(2)	(3)	(4)	(5)	(6)
	加工贸易出口商			一般出口商		
因变量	出口值	产品数量	entropy all	出口值	产品数量	entropy all
反倾销	0.177	−0.006	−0.010	0.074	−0.044**	−0.076***
	(0.110)	(0.021)	(0.016)	(0.063)	(0.017)	(0.015)
企业固定效应	Yes	Yes	Yes	Yes	Yes	Yes
年份固定效应	Yes	Yes	Yes	Yes	Yes	Yes
观测量	9 562	9 562	9 562	25 362	25 362	25 362

注：出口值指所有其他产品的出口值（不包括涉及反倾销的产品）；产品数量指所有其他产品的数量，按 HS-6 位数计算；熵是 Baldwin 和 Gu(2009)使用的衡量每个类别中所有其他产品的企业多样化指数的指标；它捕捉了一个企业的出口产品向其最大而不是最小出口产品倾斜的程度（Bernard et al,2011）。加工出口企业是指加工贸易（包括"加工装配贸易"和"来料加工贸易"）出口额占企业内部贸易总额 80%以上的出口企业。一般出口商是指加工出口商以外的其他出口商。标准误差在括号中报告。*** 和 ** 分别代表 1%和 5%水平的统计显著性。

表 F9 **反倾销措施对企业出口产品组合的复杂程度和上游度的影响**

	Different cutoff point		Drop outlier		Matched control group 1		Matched control group 2		Control technology import	
	(1)	(2)	(3)	(4)	(5)	(6)	(7)	(8)	(9)	(10)
	Wei-soph	Wei-up	Wei-soph	Wei-up	Wei-soph	Wei-up	Wei-soph	Wei-up	Wei-soph	Wei-up
反倾销	0.119***	0.039***	0.100***	0.034***	0.119***	0.038***	0.108***	0.032***	0.118***	0.038***
	(0.018)	(0.005)	(0.017)	(0.005)	(0.018)	(0.005)	(0.020)	(0.006)	(0.018)	(0.006)
Technology import									−0.003	−0.012
									(0.029)	(0.009)
企业固定效应	Yes	Yes	Yes	Yes	Yes	Yes	Yes	Yes	Yes	Yes
年份固定效应	Yes	Yes	Yes	Yes	Yes	Yes	Yes	Yes	Yes	Yes
观测量	36 967	37 223	34 525	34 525	36 398	36 654	32 175	32 310	36 967	37 223

注：复杂度指数来自 Jarreau 和 Poncet(2012)，我们在这里使用价值加权复杂度。原始上游数据来自 Antras et al(2012)，我们在此使用价值加权上游度。技术进口是每家公司每年技术产品进口总额与总进口额的比率。在公司级别聚集的标准误差在括号中报告。*** 代表 1% 水平的统计显著性。

表 F10　　　　　关于倾销被调查可能性的 Logit 回归

因变量	(1) Probability of being investigated for dumping
出口值	0.021***
	(0.004)
Number of export products	0.336***
	(0.010)
Real GDP growth rate	−0.012**
	(0.006)
Exchange rate	1.713***
	(0.106)
Unemployment rate	−0.119***
	(0.011)
Number of observations	29.879
Pseudo R^2	(0.055)

注：在产品级别聚集的标准误差在括号中报告。*** 和 ** 分别代表 1% 和 5% 水平的统计显著性。

参考文献

[1] Abadie A, Imbens G W. Bias-corrected matching estimators for average treatment effects[J]. *Journal of Business & Economic Statistics*, 2011, 29(1): 1—11.

[2] Abadie A. Semiparametric difference-in-differences estimators[J]. *The review of economic studies*, 2005, 72(1): 1—19.

[3] Aghion P, Bloom N, Blundell R, et al. Competition and innovation: An inverted-U relationship[J]. *The Quarterly Journal of Economics*, 2005, 120(2): 701—728.

[4] Aghion P, Howitt P. A model of growth through creative destruction[J]. *Econometrica*, 1992, 60(2), 323—351.

[5] Ahn J B, Khandelwal A K, Wei S J. The role of intermediaries in facilitating trade[J]. *Journal of International Economics*, 2011, 84(1): 73—85.

[6] Angrist J D, Pischke J S. *Mostly harmless econometrics: An empiricist's companion*[M]. Princeton university press, 2009.

[7] Antràs P, Chor D, Fally T, et al. Measuring the upstreamness of production and trade flows[J]. *American Economic Review*, 2012, 102(3): 412—416.

[8] Arkolakis C, Costinot A, Donaldson D, Rodrāguez-Clare A. The elusive pro-competitive effects of trade[J]. *The Review of Economic Studies*, 2019, 86(1): 46—80.

[9] Arkolakis C. Market penetration costs and the new consumers margin in international trade[J]. *Journal of Political Economy*, 2010, 118(6): 1151—1199.

[10] Autor D, Dorn D, Hanson G H and P Shu. Foreign competition and domestic innovation: Evidence from US patents[J]. *American Economic Review: Insights*, 2020, 2(3): 357—374.

[11] Baldwin J, Gu W. *The impact of trade on plant scale, production-run length and diversification*[M]//Producer dynamics: New evidence from micro data. University of Chicago Press, 2009: 557—592.

[12] Basu S R, Das M. *Export structure and economic performance in developing countries: Evidence from nonparametric methodology* [M]. UNCTAD Blue Series Papers, 2011.

[13] Becker S O, Ichino A. Estimation of average treatment effects based on propensity scores[J]. *The stata journal*, 2002, 2(4): 358—377.

[14] Békés G, Halpern L, Koren M, et al. *Still standing: how European firms weathered the crisis-The third EFIGE* policy report[M]. Bruegel Blueprint, 2011: 15, 22.

[15] Bernard A B, Redding S J, Schott P K. Multiproduct firms and trade liberalization[J]. *The Quarterly journal of economics*, 2011, 126(3): 1271—1318.

[16] Bertrand M, Duflo E, Mullainathan S. How much should we trust differences-in-differences estimates? [J]. *The Quarterly Journal of Economics*, 2004, 119 (1): 249—275.

[17] Besedeš T, Prusa T J. The hazardous effects of antidumping[J]. *Economic Inquiry*, 2017, 55(1): 9—30.

[18] Blonigen B A, Park J H. Dynamic pricing in the presence of antidumping policy: Theory and evidence[J]. *American Economic Review*, 2004, 94(1): 134—154.

[19] Blonigen B A. Working the system: Firm learning and the antidumping process [J]. *European Journal of Political Economy*, 2006, 22(3): 715—731.

[20] Bloom N, Draca M, Van Reenen J. Trade induced technical change? The impact of Chinese imports on innovation, IT and productivity[J]. *The Review of Economic Studies*, 2016, 83(1): 87—117.

[21] Bown C P, Crowley M A. Import protection, business cycles, and exchange rates: Evidence from the Great Recession [J]. *Journal of International Economics*, 2013, 90(1): 50—64.

[22] Bown C P, Crowley M A. Policy externalities: How US antidumping affects Japanese exports to the EU[J]. *European Journal of Political Economy*, 2006, 22(3): 696—714.

[23] Bown C P, Crowley M A. Trade deflection and trade depression[J]. *Journal of International Economics*, 2007, 72(1): 176—201.

[24] Bown, Chad P. "Global Antidumping Database", The World Bank, 2010. available at http://econ.worldbank.org/ttbd/gad/.

[25] Brandt L, Van Biesebroeck J, Zhang Y. Creative accounting or creative destruction? Firm-level productivity growth in Chinese manufacturing[J].

Journal of Dvelopment Economics, 2012, 97(2): 339—351.

[26] Broda C, Weinstein D E. Globalization and the Gains from Variety[J]. *The Quarterly Journal of Economics*, 2006, 121(2): 541—585.

[27] Bustos P. Trade liberalization, exports, and technology upgrading: Evidence on the impact of MERCOSUR on Argentinian firms[J]. *American Economic Review*, 2011, 101(1): 304—340.

[28] Caliendo M, Kopeinig S. Some practical guidance for the implementation of propensity score matching[J]. *Journal of Economic Surveys*, 2008, 22(1): 31—72.

[29] Chaney T. Distorted gravity: the intensive and extensive margins of international trade[J]. *American Economic Review*, 2008, 98(4): 1707—1721.

[30] Chen N, Imbs J, Scott A. The dynamics of trade and competition[J]. *Journal of International Economics*, 2009, 77(1): 50—62.

[31] Cheong D. The impact of EU antidumping on lower-income countries[J]. *SAIS Bologna Center*, Johns Hopkins University, 2007.

[32] Conconi P, DeRemer D R, Kirchsteiger G, Trimarchi, and Zanardi M. Suspiciously timed trade disputes[J]. *Journal of International Economics*, 2017, 105: 57—76.

[33] Crowley M A. Do safeguard tariffs and antidumping duties open or close technology gaps? [J]. *Journal of International Economics*, 2006, 68(2): 469—484.

[34] Dai M, Maitra M, Yu M. Unexceptional exporter performance in China? The role of processing trade[J]. *Journal of Development Economics*, 2016, 121: 177—189.

[35] De Loecker J, Van Biesebroeck J. Effect of international competition on firm productivity and market power. In: Grifell-Tatje, E., Lovell, C. A. K., Sickles, R. C. (Eds.), *The Oxford Handbook of Productivity Analysis*. Oxford University Press, 2018.

[36] De Loecker J. Do exports generate higher productivity? Evidence from Slovenia [J]. *Journal of International Economics*, 2007, 73(1): 69—98.

[37] Durling J P, Prusa T J. The trade effects associated with an antidumping epidemic: The hot-rolled steel market, 1996—2001[J]. *European Journal of Political Economy*, 2006, 22(3): 675—695.

[38] Dutt P, Mitra D. Endogenous trade policy through majority voting: an empirical investigation[J]. *Journal of International Economics*, 2002, 58(1): 107—133.

[39] Eckhardt J. Firm lobbying and EU trade policymaking: Reflections on the anti-dumping case against Chinese and Vietnamese shoes (2005—2011)[J]. *Journal of World Trade*, 2011, 45(5).

[40] Edmond C, Midrigan V, Xu D Y. Competition, markups, and the gains from international trade[J]. *American Economic Review*, 2015, 105(10): 3183—3221.

[41] Egger P, Nelson D. How bad is antidumping? Evidence from panel data[J]. *Review of Economics and Statistics*, 2011, 93(4): 1374—1390.

[42] Elliott R J R, Jabbour L, Zhang L. Firm productivity and importing: Evidence from Chinese manufacturing firms[J]. *Canadian Journal of Economics*, 2016, 49(3): 1086—1124.

[43] Ethier W J. National and international returns to scale in the modern theory of international trade[J]. *The American Economic Review*, 1982, 72(3): 389—405.

[44] Evenett S J, Vermulst E. The Politicisation of EC Anti-dumping Policy: Member States, Their Votes and the European Commission[J]. *World Economy*, 2005, 28(5): 701—717.

[45] Gallaway M P, Blonigen B A, Flynn J E. Welfare costs of the US antidumping and countervailing duty laws[J]. *Journal of International Economics*, 1999, 49(2): 211—244.

[46] Grossman G M, Helpman E. *Innovation and growth in the global economy* [M]. MIT press, 1993.

[47] Grossman G M, Rossi-Hansberg E. Trading tasks: A simple theory of offshoring[J]. *American Economic Review*, 2008, 98(5): 1978—1997.

[48] Halpern L, Koren M, Szeidl A. Imported inputs and productivity[J]. *American Economic Review*, 2015, 105(12): 3660—3703.

[49] Hausmann R, Hwang J, Rodrik D. What you export matters[J]. *Journal of economic growth*, 2007, 12: 1—25.

[50] Heckman J J, Ichimura H, Todd P E. Matching as an econometric evaluation estimator: Evidence from evaluating a job training programme[J]. *The review of economic studies*, 1997, 64(4): 605—654.

[51] Imbens G W, Wooldridge J M. Recent developments in the econometrics of program evaluation[J]. *Journal of economic literature*, 2009, 47(1): 5—86.

[52] Imbens G W. Nonparametric estimation of average treatment effects under exogeneity: A review[J]. *Review of Economics and statistics*, 2004, 86(1): 4—29.

[53] Irwin D A. The false promise of protectionism: Why Trump's trade policy could backfire[J]. *Foreign Aff*, 2017, 96: 45.

[54] Isakson, H. Adding value to the European economy. How Anti-Dumping Can Damage the Supply Chains of Globalized European Companies. Swedish National Board of Trade Technical report, 2007.

[55] Jarreau J, Poncet S. Export sophistication and economic growth: Evidence from China[J]. *Journal of development Economics*, 2012, 97(2): 281—292.

[56] Kasahara H, Rodrigue J. Does the use of imported intermediates increase productivity? Plant-level evidence[J]. *Journal of Development Economics*, 2008, 87(1): 106—118.

[57] Khandelwal A K, Schott P K, Wei S J. Trade liberalization and embedded institutional reform: Evidence from Chinese exporters[J]. *American Economic Review*, 2013, 103(6): 2169—2195.

[58] Khandelwal A. The long and short (of) quality ladders[J]. *The Review of Economic Studies*, 2010, 77(4): 1450—1476.

[59] Knetter M M, Prusa T J. Macroeconomic factors and antidumping filings: evidence from four countries[J]. *Journal of International Economics*, 2003, 61(1): 1—17.

[60] Konings J, Vandenbussche H. Antidumping protection and markups of domestic firms[J]. *Journal of International Economics*, 2005, 65(1): 151—165.

[61] Konings J, Vandenbussche H. Antidumping protection hurts exporters: firm-level evidence[J]. *Review of World Economics*, 2013, 149(2): 295—320.

[62] Konings J, Vandenbussche H. Heterogeneous responses of firms to trade protection[J]. *Journal of International Economics*, 2008, 76(2): 371—383.

[63] Lechner M. Some practical issues in the evaluation of heterogeneous labour market programmes by matching methods[J]. *Journal of the Royal Statistical Society Series A: Statistics in Society*, 2002, 165(1): 59—82.

[64] Leuven, E., Sianesi, B. Psmatch2: Stata Module to Perform Full Mahalanobis and Propensity Score Matching, Common Support Graphing, and Covariate Imbalance Testing. Statistical Software Components. Boston College Department of Economics, 2003.

[65] Liebman B H. Safeguards, China, and the price of steel[J]. *Review of World Economics*, 2006, 142: 354—373.

[66] Lileeva A, Trefler D. Improved access to foreign markets raises plant-level productivity... for some plants[J]. *The Quarterly journal of economics*,

2010, 125(3): 1051—1099.

[67] Lu Y, Tao Z, Zhang Y. How do exporters respond to antidumping investigations? [J]. *Journal of International Economics*, 2013, 91(2): 290—300.

[68] Markusen J R. Trade in producer services and in other specialized intermediate inputs[J]. *The American Economic Review*, 1989: 85—95.

[69] Mayda A M, Rodrik D. Why are some people (and countries) more protectionist than others? [J]. *European Economic Review*, 2005, 49(6): 1393—1430.

[70] Mayer T, Ottaviano G. The happy few: the internationalisation of European firms: new facts based on firm-level evidence[J]. *Intereconomics*, 2008, 43(3): 135—148.

[71] Melitz M J, Ottaviano G I P. Market size, trade, and productivity[J]. *The Review of Economic Studies*, 2008, 75(1): 295—316.

[72] Melitz M J. The impact of trade on intra-industry reallocations and aggregate industry productivity[J]. *Econometrica*, 2003, 71(6): 1695—1725.

[73] Mion G, Zhu L. Import competition from and offshoring to China: A curse or blessing for firms? [J]. *Journal of International Economics*, 2013, 89(1): 202—215.

[74] Miyagiwa K, Song H, Vandenbussche H. Accounting for Stylised Facts about Recent Anti-dumping: Retaliation and Innovation[J]. *The World Economy*, 2016, 39(2): 221—235.

[75] Moore M O, Zanardi M. Trade liberalization and antidumping: Is there a substitution effect? [J]. *Review of Development Economics*, 2011, 15(4): 601—619.

[76] Nelson D. The political economy of antidumping: A survey[J]. *European Journal of Political Economy*, 2006, 22(3): 554—590.

[77] Nizovtsev D, Skiba A. Import demand elasticity and exporter response to antidumping duties[J]. *The International Trade Journal*, 2016, 30(2): 83—114.

[78] Olley, G S., Pakes A. The dynamics of productivity in the telecommunications equipment industry[J]. *Econometrica*, 1996, 64(6), 1263—1297.

[79] Pierce J R. Plant-level responses to antidumping duties: Evidence from US manufacturers[J]. *Journal of International Economics*, 2011, 85(2): 222—233.

[80] Prusa T J. On the spread and impact of anti-dumping[J]. *Canadian Journal of Economics/Revue canadienne d'économique*, 2001, 34(3): 591—611.

[81] Qiu L D, Zhou W. Multiproduct firms and scope adjustment in globalization[J]. *Journal of International Economics*, 2013, 91(1): 142—153.

[82] Rosenbaum P R, Rubin D B. Constructing a control group using multivariate matched sampling methods that incorporate the propensity score[J]. *The American Statistician*, 1985, 39(1): 33—38.

[83] Rosenbaum P R, Rubin D B. The central role of the propensity score in observational studies for causal effects[J]. *Biometrika*, 1983, 70(1): 41—55.

[84] Rovegno L, Vandenbussche H. Antidumping Practices in the European Union: A Comparative Analysis of Rules and Application in WTO Context, Chapter 17. Cambridge University Press, Cambridge, 2012: 440—466.

[85] Rubini L. Innovation and the Elasticity of Trade Volumes to Tariff Reductions [J]. *Journal of Monetary Economics*, 2014, 66(3): 32—46.

[86] Ruhl, K. J. The Aggregate Impact of Antidumping Policies. Ph. D. thesis. NYU Stern, 2014.

[87] Staiger, Robert W. , Wolak, Frand A. Measuring industry-specific protection: antidumping in the United States. Brookings Papers on Economic Activity: Microeconomics, 1994: 51—103.

[88] Vandenbussche H, Viegelahn C. Input reallocation within multi-product firms [J]. *Journal of International Economics*, 2018, 114: 63—79.

[89] Vandenbussche, H. , Viegelahn, C. No Protectionist Surprises: EU Antidumping Policy before and During the Great Recession, Chapter 3. CEPR and The World Bank, London, 2011: 85—129.

[90] Vandenbussche H, Zanardi M. The chilling trade effects of antidumping proliferation[J]. *European Economic Review*, 2010, 54(6): 760—777.

[91] Vandenbussche H, Zanardi M. What explains the proliferation of antidumping laws? [J]. *Economic Policy*, 2008, 23(53): 94—138.

[92] Wu S J, Chang Y M, Chen H Y. Antidumping duties and price undertakings: A welfare analysis[J]. *International Review of Economics & Finance*, 2014, 29: 97—107.

[93] Yang R. Study on the total factor productivity of Chinese manufacturing enterprises[J]. *Economic Research Journal*, 2015, 2: 61—74.

[94] Zanardi M. Antidumping: A problem in international trade[J]. *European Journal of Political Economy*, 2006, 22(3): 591—617.

[95] 鲍晓华. 反倾销措施的贸易救济效果评估[J]. 经济研究, 2007(02): 71—84.

致 谢

感谢我的博士生杜文钰同学对本书相关书稿、数据、资料的整理和编辑,为本书的完成贡献了她的智慧,付出了辛勤的努力。

对出版社和编辑部门历次的批注意见表示感谢,同时感谢他们为提升本书的质量提供的宝贵建议。